과학이
바꾼
전쟁의
역사

과학이 바꾼 전쟁의 역사

미국 독립 전쟁부터
걸프전까지
전쟁의 승패를 가른
과학적 사건들

박영배 지음

비료 원료로 만든 독가스,
의사가 발명한 기관총,
원자를 쪼개다 발견한 원자핵…

**세계 패권을 뒤흔든
24개 사건 파일**

교보문고

일러두기

이 책은 2022년 7월부터 2023년 12월까지 〈국방일보〉에서 연재한 '과학의 역사에서 만나는 전쟁 이야기'를 발췌, 보강한 내용을 담고 있습니다.

창조와 파괴의 만남

인간의 역사에는 창조와 파괴가 끊임없이 교차해 왔습니다. 인간은 모여 살기 시작하면서부터 만들고 파괴하기를 되풀이했고, 이 반복된 역사 속에서 씨족이 부족으로 모이고 부족이 다시 왕국으로 커졌으며 왕국은 마침내 국가가 됐죠. 폐허가 된 전장에서 인간은 다시 모여 창조의 문명을 지었지만 이 문명은 다시 전쟁으로 파괴됐습니다.

이런 역사 속에서 창조를 담당한 건 자연의 이치에 대한 앎과 깨달음으로 만들어진 과학 지식이었습니다. 과학 지식과 별개로 도구를 만들고 써 보면서 터득한 집단 경험은 기술 지식으로 발전했고요. 이렇게 쌓은 과학 지식과 기술 지식이 만나 불행하게도 다시 파괴의 도구가 됐습니다. 적을 더 효과적이고 철저하게 파괴하거나 막아 내기 위한 전쟁의 무기가 된 것입니다. 그렇게 창조가 진화하며 파괴의 강도도 날로 더 커졌습니다.

창조와 파괴의 수레바퀴가 무한히 돌아가는 가운데 창조하는 집단과 파괴하거나 파괴를 막는 집단이 함께하게 됐습니다. 인류의 지식 창고를 살뜰히 채워 온 과학자와 기술자 들이 싸우고 막는 데 최적화한 군인에게 가장 효과적인 도구를 만들어 주면서 창조와 파괴는 마침내 융합됩니다.

과거 과학자의 위상은 지금과는 사뭇 달랐습니다. 근대 초기로 거슬러 올라가니 그리 오래전 일도 아닙니다. 누구나 다 알 만큼 유명한 과학자들도 그때는 대부분 국가적 지원을 받지도, 국가적 사업에 참여하거나 기여하지도 못했습니다.

예를 들어 볼까요. 17세기 종교관 중심의 천동설과 우주론에 종지부를 찍고, 지동설을 입증해 내며 근대 천문학 혁명을 이끈 과학자 갈릴레오 갈릴레이Galileo Galilei를 모두 아실 것입니다. 역사에 길이 남을 발견을 한 과학자이지만 그는 생계를 위해 교수업을 이어나갔고, 과학 연구에 필요한 돈을 구하기 위해 기꺼이 피렌체 메디치 가문의 비위를 맞췄습니다. 어디 갈릴레이뿐일까요. 모든 물체에는 당기는 힘이 있다는 만유인력의 법칙으로 익숙하고, 근대 물리학을 완성시켰다는 평을 듣는 아이작 뉴턴Issac Newton은 조폐국장으로 대부분의 일과 시간을 썼고, 개인적인 시간에 밤을 새워 연구하던 과학자였습니다.

갈릴레이와 뉴턴이 활동하던 17세기부터 18세기 초까지만 해도 과학자는 전문 직업으로 인정받지 못했고, 연구 환경도 열악하기 그지

없었습니다. 과학 연구는 그야말로 돈이 되지 않는 일이었던 것이죠. 근대 초입의 과학자들은 국가와 사회를 위해 일하는 직업인으로서가 아니라 교양을 쌓기 위해서, 또는 고상한 정신활동이나 일생을 걸 정도의 진지한 취미활동으로서 과학을 연구했고, 그 연구는 물려받은 유산이거나 부유한 가문과 왕실의 후원으로 가능했습니다.

그러나 시간이 흐르고 언젠가부터 개인적 차원에 머무르던 과학 연구가 사회적으로, 국가적으로 꼭 필요한 일로 받아들여지면서 점차 '전문 직업인'으로 대접받는 과학자들이 나타나기 시작했습니다. 이러한 변화는 18세기 후반에서 19세기 무렵 프랑스를 중심으로 일어났습니다. 이 시기는 왕정 체제가 막을 내리고, 시민 혁명과 공화정으로 이어지는 정치적 격변기이자, 근대적인 의미에서 국가의 틀이 확립되던 시점과 일치합니다. 여기서 전문 직업인이란 단순히 그 일을 해서 생계를 해결할 수 있다는 뜻만은 아닙니다. 체계적인 전문 교육과 습득한 지식을 바탕으로 국가나 권력을 유지하는 데 필수적인 공적인 임무를 수행할 수 있는 자격을 갖춘 것을 의미하죠.

서양에서 가장 오래된 전문직은 법관과 의사, 그리고 종교인이었습니다. 이들은 권력과 왕권을 유지해 주는 법을 집행하고 민중의 보건을 책임지며, 정신적으로 대중을 지배하는 신권을 유지시켜 주었습니다. 그러다 근대 국가 시스템이 정비되면서 국가 경영과 통치에 필수적인 전문 영역이 확장되기 시작했죠. 가장 먼저는 전문 관료들이 등장했습니다. 동시에 국가 공권력을 대리하는 군대 시스템 속에서 군

지휘관 장교들이 전문 직업인으로 변모하게 됐습니다.

이런 과정에서 정부와 권력자들은 과학자들의 자질과 능력이 국가 경영과 군대를 체계화하고 군사력 강화에 상당히 쓸모가 있다는 생각을 갖게 됐고, 과학자들을 전문 직업인으로 탈바꿈시키는 계기로 작용했습니다. 그렇게 해서 개인적 열정과 취미로 자연을 이해하고 설명하기 위해 사색과 연구에 일생을 바치던 자연철학자가 국가 경영에 필요한 일을 담당하면서 전문 직업인인 과학자로 탈바꿈하는 일이 잦아졌고, 본격적으로 과학자들이 전쟁의 영역에 발을 들여놓게 됐습니다.

이 책에서는 과학이 발전해 온 몇몇 역사적 장면들을 펼쳐 보면서, 어느 시대에 어떠한 시대적 맥락과 상황에서 과학이 군대와 전쟁의 영역에 본격적으로 등장하고, 불가분의 관계를 맺게 되었는지를 찬찬히 살펴보고자 합니다. 모든 과학적 발견이 전쟁에 활용된 건 물론 아닙니다. 또한 과학적 발견이 전적으로 전쟁을 바꾼 것도 물론 아닐 것입니다. 다만 어떤 결정적 장면들은 분명 전쟁의 판도를 바꾸고, 패권을 흔들었다는 것만큼은 분명합니다. 이 이야기들을 통해 다만 몇 분의 독자들이라도 현대 과학 기술을 조금 더 이해하고 군대와 전쟁의 역사를 조금 다른 관점에서 되돌아볼 수 있게 된다면 그간 집필의 힘겨웠던 순간들은 즐거운 작업의 시간으로 기억될 것 같습니다.

이 책은 여러 분들과 함께 만들었습니다. 약 1년 반에 걸쳐 격주로 〈국방일보〉 지면을 채우도록 도와주신 김가영·김민정·송시연 기자님, 그리고 교보문고의 한지은 에디터님에게 먼저 깊은 감사의 인사를 드립니다. 나의 젊은 시절을 꽉 채웠던 과학사 공부의 흔적과 전공 서적을 다시 뒤적이면서 사부이셨던 김영식 교수님과 선후배들에게 참 많이 배웠다는 것을 늦게나마 깨달았습니다. 지난 20여 년간 국방 분야에서 함께 일해 왔던 훌륭한 동료 전문가들과의 협업이 없었다면, 그리고 지금 국방기술학회를 같이 일구고 있는 우리 동반자이자 후배들의 매일의 보살핌이 없다면, 감히 전쟁사와 과학사를 함께 아우르는 글을 써 보자는 용기조차 내지 못했을 게 분명합니다. 무엇보다도 이 세상에 나를 있게 하신 부모님과 인생의 보물 딸 서영이에게 그동안 자식으로서, 그리고 엄마로서 충분한 시간을 함께하지 못했던 미안함과 감사의 마음을 담아 이 책을 바칩니다.

박영욱

차례

1장

직업으로서의 과학자

라부아지에의 화약

"대표 없이는
세금도 없다!"

1765년 영국에 속해 있던 아메리카 대륙의 열세 개 식민지 주들은 재정난에 시달리던 영국 본토로부터 날아온 인지세 청구에 일제히 반발하고 나섰다. 인지세는 식민지 미국뿐 아니라 영국 본토 국민 전체에 적용된 세금 정책이었음에도 불구하고 이들이 반발한 데는 이유가 있었다. 자신들의 권리를 주장할 수 있는 통로는 없고, 의무만 가중되고 있는 상황이었기 때문이다. 이에 "대표 없이는 세금도 없다!"며 뉴욕, 보스턴 등을 필두로 폭동이 일어나면서 식민지 미국은 대표를 세워 협상할 것을 요구했다. 하지만 영국 의회에서는 이를 받아들이지 않았고, 결국 미국은 인지세를 폐지하지 않으면 영국 본토와의 교역을 끊겠다고 으름장을 놓는 지경에 이르렀다. 이로 인해 곤란해진 건 상인들이었다. 풍부한 자원과 인력을 가진 식민지와의 교역이 끊기자 당장 수익에 타격을 받을 수밖에 없던 것이다. 결국 영국은 식민지에 대한 인지조례를 폐지하기로 했다.

사건은 이렇게 일단락되는 듯했으나 진짜 문제는 여기서부터였다. 영국은 갈수록 심각해지는 재정난을 타개하기 위해 이후 더 강력한 과세 정책을 추진했고, 이에 대한 저항을 강압적으로 억제하는 과정에서 갈등은 점차 심화했다. 식민지 국가의 독립을 주장하던 독립파들은 1773년 급기야 영국으로부터의 차 수입을 막기 위해 선박을 습격해 보스턴 차 사건을 일으켰고 이 사건은 식민지 국가의 독립 전쟁, 즉 1775년 미국 독립 전쟁의 불씨가 됐다.

미국 독립 전쟁의 불씨가 된 보스턴 차 사건

1777년 형 머스킷

영국과 미국의 전쟁을 유심히 지켜보고 있던 건 다름 아닌 프랑스였다. 당시 프랑스 정부는 어려운 국고 사정에도 불구하고 아메리카 대륙에 진출하려는 영국을 견제하기 위해 미국의 독립 전쟁에 엄청난 재정·군사 지원을 강행했다. 프랑스 군대는 이미 머스킷 총*과 화포 등 당시로서는 최고 수준의 신무기체계를 갖추고 있었지만 한 가지 문제가 있었다. 화력의 관건인 화약의 품질이 떨어져 고전하고 있던 것이다. 이에 당시 재무장관이었던 안 로베르 자크 튀르고Anne Robert Jacques Turgot는 화약 성능을 개량해 줄 사람을 찾았다. 이때 그의 마음을 사로잡은 사람이 바로 '근대 화학의 아버지'라 불리는 앙투안 라부아지에 Antoine Lavoisier였다.

누구나 중·고교 시절 원소 이름과 함께 주기율표를 고생스럽게 외웠던 기억 하나쯤은 있을 것이다. 세상의 다양한 물질들을 정량적 규칙으로 추상화시켜 원소와 원자 개념으로 압축해 놓은 주기율표는 1869년 러시아의 화학자 드미트리 멘델레예프Dmitrii Mendeleev가 처음

---

* 16~19세기에 주로 쓰인 긴 총신을 가진 전장식 화기. 방아쇠, 개머리판 등을 갖추고 있어 현대식 총기의 기본 형태라고 할 수 있는 흑색 화약 무기다.

선보였지만 그렇다고 해서 그만의 결과물이라고 할 수는 없다. 그에 앞서 물질 이론을 설명하고자 했던 여러 화학자가 축적한 성과의 총합이기 때문이다. 주기율표는 각 원소의 주기성을 질량 차이로 구분하고, 물질의 원소 기본 단위를 원자 입자로 설명한 영국 화학자 존 돌턴 John Dalton의 '원자론'에 전적으로 기대고 있다. 돌턴의 원자론 역시 산소를 비롯, 서른세 종의 주요 물질 원소의 존재와 성격을 최초로 규명한 프랑스의 한 화학자의 연구에 대한 후속 연구의 결과인데, 그 화학자가 바로 라부아지에다. 라부아지에는 자연 세계의 물질과 물질 현상을 원소와 화합물의 구성으로 설명하면서 근대 화학 이론을 체계화했다.

프랑스 파리의 부유한 법률가 가문 출신인 라부아지에는 박애주의와 계몽주의에 푹 빠진 법학 전공자였다. 하지만 일찍부터 천문학, 지질학 등 자연과학을 공부했고, 특히 물질과 물질 현상을 다루는 화학에 매료되면서 18세기 근대 화학 혁명의 주역이 됐다. 그가 연구를 시작할 때는 아직 중세 화학의 전통이 지배하고 있어서 그리스의 철학자 아리스토텔레스Aristoteles의 '4원소설'*이나 스위스의 화학자 파라셀수스Paracelsus의 '3원리설'**을 거쳐 게오르크 슈탈Georg Stahl의 '플로지스톤 이론'으로 모든 물질의 본질과 현상을 설명하던 시대였다. 당시 화학자들은 경험적 실험을 바탕으로 물질 현상을 다루면서도 여전히 정

---

* 만물이 물, 불, 공기, 흙의 네 가지 원소로 이루어져 있다는 가설이다.
** 물질은 황, 염, 수은으로 구성되어 있다는 가설이다.

성적 설명의 틀에서 벗어나지 못했다. 그래서 연소 현상을 포함해 다양한 화학 반응에 관해서 모든 물질에 빠짐없이 들어가 있다고 가정한 물질 '플로지스톤' 입자의 결합과 분리로만 설명하는데 이게 플로지스톤 이론이다.

하지만 연소 현상에 대한 끈질긴 실험과 추론 과정을 거듭한 라부아지에는 공기 중 산소 원소의 존재를 확인, 플로지스톤 이론에 기대지 않는 혁신적인 이론 체계를 제시하며 플로지스톤 이론을 폐기하고 중세적 물질론에서 탈피해 근대 화학의 체계를 정립했다.

지금 우리에게 익숙한 산소와 질소, 탄소의 이름도 그가 붙인 것이며, 규칙과 원칙을 적용해 원소뿐 아니라 원소들이 결합한 화합물에도 체계적으로 이름을 붙일 수 있는 '명명법' 또한 그로부터 탄생했다. 그와 함께 규칙성에 기반을 둬 주요 원소들을 특성에 따라 구분하고 그룹화하는 '분류 체계'도 라부아지에가 1789년 출간한 《화학원론》에서 처음 소개됐다. 이뿐 아니라 라부아지에는 오늘날 너무도 당연히 받아들여지는 '질량 보존의 법칙', 즉 화학 반응 전후 물질의 무게 합이 동일하다는 실험 결과를 보편 법칙화함으로써 화학이 정성적 물질론에서 탈피해 정량적·계량적 토대를 갖춘 근대 과학의 당당한 일원으로 탈바꿈하도록 이끌었다.

18세기 전반, 갈릴레이와 뉴턴의 과학 혁명을 거쳐 하늘의 천체 운동과 지상의 물체 운동이 역학과 물리학의 동일 법칙으로 설명되는 근대 천문학과 물리학이 완성된 것처럼 화학도 라부아지에에 이르러 근대 과학의 일원으로 대접받게 된 것이었다. 겉으로는 도저히 수학적 법칙으로 계량화·단순화할 수 없을 것 같은 세상의 수많은 물질과 물질 현상들을 단 몇 종류의 원소와 원자, 그리고 원소 간 화합물의 결합과 분리의 반응 과정으로 체계적·정량적으로 설명할 수 있는 근대 화학 체계의 기틀을 라부아지에가 잡았다.

이런 라부아지에를 화약 개량을 전담하는 화약 국장으로 임명한 건 누가 뭐래도 튀르고의 탁월한 선택이었다. 이전에도 라부아지에는 공교육 개선, 파리 수질 개선 등의 프로젝트뿐 아니라 과학 아카데미 회원으로서 미터법 개량과 같은 국가의 각종 조사 활동, 공공 사업을 이끌고 참여해 왔는데 그 과정에서도 항상 과학적 문제 해결 방식을 적용해 민중의 삶의 질을 높이려 애썼다. 그랬던 그는 화약 국장으로 임

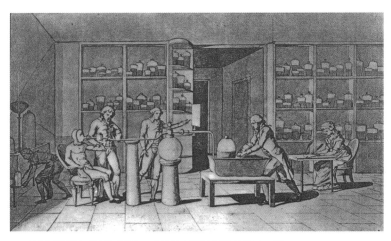

1770년대 앙투안 라부아지에와 조수들의 실험실 풍경을 담은 그림

명되고부터 화약의 품질을 향상시키기 위해 직접 실험과 연구에 매진했다. 또한 제조 과정을 체계화해 안정적으로 화약이 생산·공급될 수 있도록 했으며, 화약과 관련한 화학·수학 등의 교육도 진행했다. 이를 계기로 그는 1775년부터 1791년까지 프랑스 군대 전체의 화약 개량뿐 아니라 병기창 운영과 보급 행정의 총괄 책임자가 됐고, 이런 그의 업적은 당시 전 유럽을 지배하는 프랑스 군사력의 토대를 다지는 데 상당한 도움이 됐다. 특히 그가 획기적으로 개선한 화약은 프랑스 군대의 무장에 쓰였을 뿐 아니라 미국을 비롯한 유럽 여러 나라에 수출돼 국고 수입을 늘리는 데도 도움이 됐다. 영국산보다 성능이 뛰어났던 프랑스산 화약은 미국에도 보급됐는데 식민지군이 독립 전쟁에서 승기를 잡는 데에도 일정 부분 기여했다고 전해진다.

경제학자이자 뉴턴 과학의 신봉자로서 과학에 조예가 깊었던 튀르고는 짧은 기간이지만 재무장관으로 재임하는 동안 무너져 가는 프랑스 왕정을 개혁하기 위해 교육 및 조세 제도 정비, 농업 생산 증대, 군사력 증강에 힘쓰며 라부아지에뿐 아니라 여러 과학자들을 국가와 군대 경영에 적극 기용했다. 특히 파리에 화약국을 비롯해 네 곳의 병기창을 만들면서 무기를 개발하고 개량하는 실험실도 함께 설치해 과학자들이 자유롭게 연구할 수 있도록 했다. 그중 매우 훌륭한 실험 설비와 보조 인력을 쓸 수 있는 한 곳을 전적으로 라부아지에에게 맡겼고 라부아지에는 이 병기창의 사택과 실험실에서 안정적으로 연구와 업무에 전념하면서 역사적 성과를 낼 수 있었다.

이는 정부가 과학자들에게 독립된 연구 공간과 기회를 제공하면서 국가 경영과 군사적 목적의 연구를 맡긴 초기의 사례라고 할 수 있다. 그래서 라부아지에는 과학자가 전문 직업인으로 변모하게 되는 과도기의 상징적 인물이기도 하다. 프랑스 혁명을 전후한 근대 국가 성립기에 국가의 군사적 임무를 훌륭히 수행함으로써 과학자가 전문 직업화하는 데 크게 기여한 셈이다. 이를 통해 과학자들은 개인적 취미가 아니라 국가 경영과 군사 영역에서 공적 임무를 수행하는 전문 직업인으로 인정받게 됐고, 국가 권력도 과학자들을 체계적 · 제도적으로 동원함으로써 국가 운영과 군사력을 효율적으로 관리 · 운영하는 시스템을 만들게 됐다.

그러나 라부아지에가 당시 그의 산소 이론을 위시한 화학적 연구 결과와 지식을 그대로 적용해 화약 품질과 무기 개량의 성과를 얻었다고 보기는 어렵다. 수학과 물리학 이론을 군수품 개발과 개량에 바로 적용했다기보다는 과학자들이 연구 과정에서 체득한 계량적이고 합리적이며 체계적인 실험 방법이나 사고방식, 과학적 태도가 바탕이 된 결과였다. 즉, 당시 무기체계의 수준은 과학 기술적 연구 개발의 결과라기보다는 수많은 시도와 경험, 그리고 시험과 실험의 반복에 의해 누적적으로 발전되는 단계에 머물러 있었다.

또한 라부아지에의 과학적 업적은 혼자만의 것은 아니었다. 그의 옆에서 실험과 기록, 집필에 이르기까지 평생 모든 연구를 함께했던 아내 마리안 폴즈Marie-Anne Paulze의 도움에 크게 힘입었다. 과학의 역

마리안 폴즈와 라부아지에 초상화

사에서 여성 과학자들의 업적이 제대로 조명받는 일 자체가 매우 드문 편이다. 그래서 그동안 마리안 폴즈는 라부아지에의 동료 과학자가 아니라 주로 남편의 충실한 조수로서 기술됐다. 그러나 최근 라부아지에의 실험과 연구 성과는 부인의 체계적이고 계획적이며 분석적인 지원과 협업 없이는 거의 불가능했을 것으로 재평가받고 있다. 그녀 또한 스스로 살롱을 운영하면서 당시 계몽철학자를 포함해 프랑스를 대표하는 과학자·수학자들의 학문적 교류의 중심이 됐던 훌륭한 과학자이자 계몽사상가였다.

한편 라부아지에는 일찍이 종합징수인 조합의 일원으로 활동하며 상당한 돈을 벌고 있었다. 종합징수인이란 국가와 계약을 맺어 평민들로부터 각종 세금을 대신 걷고 일정 대가를 받는 사람이었다. 40여 명으로 제한돼 있던 종합징수인들은 실제 막대한 부를 축적하기도 했지만 동시에 과학과 문화 예술 진흥의 든든한 후원자였다. 라부아지에 또한 이 수익을 주로 기부 재원이나 연구 자금으로 활용했다. 하지만 이 일은 1789년 프랑스 혁명 당시 라부아지에에게 큰 화가 돼 돌아왔다. 왕정은 기울어 가는 국고를 메우기 위해 평민에게 소금세를 비롯해 온갖 종류의 세금을 물렸는데 그 과정에서 과도한 이익을 챙긴 종합징수인들이 구체제 왕정을 대리해 민중을 핍박하는 반혁명 집단으로 몰렸던 것이다. 이로 인해 라부아지에는 일생 민중을 사랑하고 혁명을 지지했던 계몽사상가였음에도 불구하고 1794년 막시밀리앙 로베스피에르Maximilien Robespierre 등 급진파에 의해 화학자가 아닌 종합징수인으로 체포돼 단두대에서 비극적 결말을 맞았다.

오랫동안 공익에 봉사했고, 화약과 무기체계를 개량, 발전시켰던 라부아지에의 군사적 업적을 들어 수많은 수학자와 과학자들이 적극적으로 구명 운동에 나섰다. 그러나 종합징수인뿐만 아니라 엘리트 과학자 집단을 향한 평민 장인들과 수공업자들의 민중적 반감을 이겨 낼 수 없었던 라부아지에는 안타깝게도 형장의 이슬로 사라지고 말았다.

당시 프랑스를 대표하던 수학자이자 물리학자인 조제프 라그랑주 Joseph Lagrange는 "라부아지에와 같은 천재의 머리를 얻는 데 100년이라는 세월도 부족한데 불과 몇 초 만에 그 머리가 잘렸다."라며 그의 처형을 통탄했다고 한다. 그러나 결국 오늘날의 역사는 라부아지에를 프랑스 군대를 강군으로 만든 애국적이고 능력 있는 군사 과학 기술자이자 행정가, 그리고 근대 화학을 탄생시킨 위대한 화학자로 기록하고 있다.

2장

과학, 정치와 만나다

왕립 과학 아카데미와 미터법

"아는 것이
힘이다!"

1660년 11월 영국 런던의 한 식당에 모인 열두 명의 자연철학자들은 당대 최고의 정치사상가 프랜시스 베이컨Francis Bacon의 '아는 것이 힘이다!'라는 사상에 한껏 고무됐다. 마침 그레셤 대학교에서 열린 스물여덟 살의 젊은 천문학자 크리스토퍼 렌Christopher Wren의 천문학 강의를 들은 직후였다. 이때 모인 사람들은 '보일의 법칙'*으로 유명한 로버트 보일Robert Boyle을 포함해, 옥스퍼드 대학교와 케임브리지 대학교를 이끈 존 윌킨스John Wilkins, 데카르트를 계승한 철학자 조지프 글랜빌Joseph Glanvill, 무한대 기호를 도입한 수학자 존 월리스John Wallis, 세포라는 용어를 처음 사용한 화학자 로버트 훅Robert Hooke 등 내로라하는 지식인들

---

* 기체의 온도가 일정하면 압력과 부피는 반비례한다는 법칙이다.

이었다. 이야기 끝에 이들은 학자들끼리 모여 지식을 쌓을 수 있는 과학 단체인 학회를 구성하기로 결정하는데 이 학회는 이후 영국의 왕 찰스 2세의 칙허를 받아 정식 발족하게 된다. 그렇게 만들어진 학회가 바로 알베르트 아인슈타인Albert Einstein, 스티븐 호킹Stephen Hawking 등 수 많은 노벨상 수상자를 배출한 영국의 '왕립 학회'다.

오늘날 과학자나 공학자들은 대부분 연구 결과를 혼자 간직하지 않는다. 국방 과학 기술 분야처럼 비밀리에 연구를 추진해야 하는 경우도 있지만, 대부분의 연구 결과는 논문으로 출판하거나 공개적으로 발표함으로써 공식적인 연구 실적으로 인정받는다. 과학 기술 지식이 생산되고, 공식적으로 수집, 공개되는 과정은 매우 체계적으로 제도

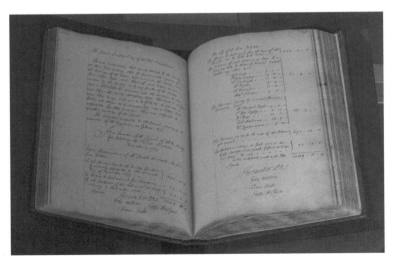

존 윌킨스의 서명이 적힌 1667년 왕립 학회 회의록

화돼 있다. 이때 대학과 기업 연구소를 통하기도 하지만 통상 같은 분야 연구자들의 집단인 학회나 아카데미 또는 협회 등 학술 단체들이 그 중심에 서게 된다. 대부분의 학술 단체는 전문 학술지journal를 발간하고 우수 논문과 연구자를 발탁, 시상하거나 세미나와 콘퍼런스 등을 통해 학술 정보와 지식 교류의 장을 제공함으로써 연구자 간 네트워크의 허브 역할을 담당한다.

과학자들이 조직적으로 단체를 만들어 상호 정보 교류와 비판 등 집단적 연구 활동을 시작한 건 중세 과학이 종말을 고하고 과학 혁명을 거쳐 유럽에 새로운 근대 과학이 자리 잡기 시작한 17세기 후반부터였다. 1660년 영국의 왕립 학회와 1666년 프랑스의 왕립 과학 아카데미가 설립된 게 그 시작이었다. 이후 이를 모방해 전 유럽에서 과학 학회와 아카데미들이 활발히 만들어지면서 국가를 넘나드는 학회 간 다국적 연구 네트워크가 활성화했다. 국제 과학자 사회는 이런 과학 단체들을 기반으로 형성됐다고 할 수 있다. 하지만 영국과 프랑스 과학과 과학자 사회의 발전 모습이 달랐듯 두 학회 역시 다른 모습으로 성장했다.

영국의 왕립 학회는 당시 최고 과학자였던 보일이나 훅 등 공화파 과학자들이 찰스 2세의 인가를 받아 출범하긴 했지만 왕실과 국가의 실질적·체계적 후원을 받지는 못했으며, 국가 운영에도 직접 참여하기 어려웠다. 또한 뉴턴 같은 당대 최고 과학자들이 회장으로 활동했음에도 불구하고 다수의 아마추어 학자들이 섞여 있다 보니 느슨하고 산발적으로 활동하는 지식 단체로서의 성격이 더 강했다. 물론 그럼에도 불구하고 최초의 학술지인 《철학회보》를 간행하고, 강연과 발표회를 개최하며 과학 발전에 크게 기여했다는 건 부정할 수 없는 사실이다.

한편 프랑스의 정치가 장 콜베르Jean Colbert가 루이 14세에게 제안해 만들어진 프랑스 왕립 과학 아카데미는 영국의 왕립 학회와 매우 다른 모습으로 발전해 갔다. 강력한 왕권 정립을 위해 관료제를 도입하고 과학과 학문 분야에서도 프랑스의 영광을 드높일 수 있는 국가 기관을 설립해 국정 운영에 활용하려 했던 콜베르는 영국과 달리 엄격한 선발

루이 14세에게 왕립 과학 아카데미의 회원들을 소개하고 있는 장 콜베르

과정을 거친 정예 과학자로 아카데미의 회원 자격을 제한하고, 매우 체계적이고 조직적으로 과학 활동을 전개했다. 덕분에 과학 아카데미의 과학자들은 일종의 관료로서 국정 자문과 공적 임무를 담당하며 국가의 재정 지원을 받고 왕립 도서관과 동·식물원, 천문대 등 당대 최고의 시설과 건물을 마음껏 활용할 수 있었다.

왕립 과학 아카데미는 프랑스 혁명기에 왕정에 봉사하는 반혁명 왕당파로 낙인 찍혀 잠시 폐쇄됐다가 부활하는 등 부침을 겪기도 했지만, 그런 상황 속에서도 혁명 정부는 왕립 과학 아카데미의 과학자들을 근대 국가 건설과 국정 운영의 주요 도구로 활용하는 데 주저하지 않았고, 이는 18세기 후반 프랑스 과학이 전성기를 맞이하는 데 기반이 됐다. 또한 이를 계기로 과학자들은 전문 직업인으로서 국정 운영과 군대 경영에서 중요한 역할을 담당할 수 있었다.

혁명 정부가 왕립 과학 아카데미를 지원한 데는 사실 이유가 있었다. 동서고금을 망라하고 권력 집단에게는 통치 영역을 표시하고 곡식과 물자 등의 세금을 거두는 일이 중요했다. 이를 위해서는 길이와 부피, 무게의 기본 단위인 도량형의 표준화와 통일이 필수적이다. 중국 진시황이 척관법을 도입하고, 이집트 등 고대 국가들도 모두 자체적인 단위로 도량형을 통일하고자 했던 것도 그 때문이었다. 영국도 1215년 대헌장에 길이(인치와 야드), 부피(파인트), 그리고 무게(파운드)의 도량형 단위를 명시한 바 있었다. 하지만 유럽 국가나 지역마다 도량형 단위가 달랐고, 이는 근대적 국가 시스템 확립에 큰 걸림돌이었다.

오늘날 도량형 표준이라 할 수 있는 MKS 단위계의 기본 단위인 미터meter, 킬로그램kilogram, 초second가 정리된 건 근대 수학과 과학을 바탕으로 한 프랑스 왕립 과학 아카데미 과학자들에 의해서였다.

도량형을 통일하는 과정에서 과학계의 가장 큰 이슈는 뉴턴의 물리학 법칙이었다. 18세기 후반 유럽에서는 뉴턴의 과학이 진리처럼 받아들여지던 상황이었는데 이를 적용했을 때 예상되는 지구의 모습과 둘레에 관해 과학자들 간 논쟁이 벌어졌다.

뉴턴 이론의 반대파들은 지구의 모습을 '원형' 또는 '위아래로 길쭉한 타원'이라고 주장한 반면, 찬성파들은 자전에 의한 구심력 때문에 적도 부분이 불룩 튀어나온, '옆으로 길쭉한 타원'이라고 주장하며 대치한 것이었다. 이를 해결하기 위해 나선 것이 국가의 재정 지원을 풍부하게 받던 왕립 과학 아카데미였다.

왕립 과학 아카데미는 해외 여러 곳에 지구 모양과 둘레를 재는 측량대를 파견했다. 1735년 수학자 라 콩다민La Condamine이 페루 원정대를, 1740년 천문학자 피에르 모페르튀Pierre Maupertuis가 스웨덴 라플란드 조사대를 이끌었다. 최종 측량 결과, 지구는 럭비공처럼 옆으로 길쭉한 타원형으로 밝혀졌다. '뉴턴의 법칙'이 명실상부하게 '참'으로 판명된 순간이었다. 이로 인해 뉴턴의 법칙에 대한 의심은 깨끗이 사라졌다.

이 과정에서 도량형 통일의 필요성을 절감한 혁명 정부는 왕립 과학 아카데미 과학자들에게 이 일을 일임했고, 이에 따라 1791년부터 라

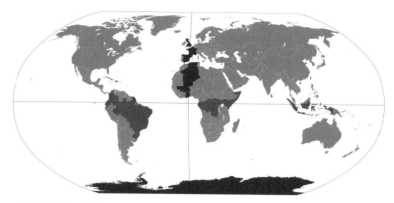

지구의 적도(가로선)와 본초 자오선(세로선)

그랑주를 위원장으로 해 라부아지에, 화학자 샤를 쿨롱Charles Coulomb,
천문학자 피에르 라플라스Pierre Laplace 등 당대 최고의 프랑스 과학자
와 수학자들로 도량형 위원회가 구성됐다.

　이 위원회는 기본 단위를 정량화하는 방식으로 그때까지도 혼용되
던 12진법과 10진법을 10진법으로 통일해 확정하고, 측량 기준선을 프
랑스 파리를 지나는 경도의 적도부터 북극까지의 거리로 정해 1795년
지구 자오선 둘레의 1,000만 분의 1을 '1미터'로 지정했다. 더불어 면
적은 길이 단위의 제곱, 부피는 세제곱으로 지정했으며, 질량 단위인
그램은 물이 최대 밀도가 되는 온도 3.98도에서 단위 부피 1세제곱미
터에 들어가는 순수 물의 질량을 1그램으로, 시간 단위인 초는 평균 태
양일의 8만 6,400분의 1을 1초로 정했다. 정확한 측량 작업이 마무리
되면서 1미터 길이가 확정됐고, 백금으로 만든 1미터 표준 원기原器가

만들어져 프랑스 전역 열여섯 군데에 설치됐다. 하지만 지금은 파리에 두 군데 정도 남아 있다.

이처럼 도량형 단위를 표준화한 프랑스의 '미터법'은 1799년 제정됐지만 바로 세계 공통이 되지는 못했다. 최종 채택되기까지 약간의 어려움을 겪다가 1875년에서야 비로소 전 세계의 '미터조약'으로 공인됐다. 미터법을 포함한 도량형의 통일과 개혁은 현대 과학 기술사에서 프랑스의 독보적 위상을 지켜 주는 대역사로 기록되고 있고, 이 역사의 중심에는 왕립 과학 아카데미가 있었다.

프랑스 혁명기 왕립 과학 아카데미 과학자들은 근대 수리 과학의 기초이자 근대 국가 운영의 기본 도구인 도량형 통일을 완성했을 뿐 아니라 전문 관료로서 국정 운영과 군대 육성에 깊게 관여했다.

당시 프랑스의 혁명 군대는 전 유럽과 전쟁을 벌이고 있었다. 이에 프랑스는 군대를 강화하고자 1794년 기술 병과를 이끌 전문 간부를 육성하는 에콜 폴리테크니크École Polytechnique를 설립하는데 이때도 과학자들이 대거 참여했다. 다음 장에서 살펴보겠지만 에콜 폴리테크니크는 이후 군사 기술 학교들의 모태가 됐고, 프랑스 군대의 강력한 힘과 전통을 만드는 데 큰 역할을 했다.

3장

강한 군대를 위한 학교

나폴레옹이 사랑한 에콜 폴리테크니크

"조국, 과학, 그리고
영광을 위하여!"

'기체 반응 법칙'*을 발견한 조제프 게이뤼삭Joseph Gay-Lussac, 마리 퀴리Marie Curie보다 앞서 방사능을 연구한 앙리 베크렐Henri Becquerel, 프랙탈의 창시자 브누아 망델브로Benoît Mandelbrot, 노벨경제학상 수상자 모리스 알레Maurice Allais와 장 티롤Jean Tirole 그리고 세계적인 명품 기업 LVMH그룹 회장 베르나르 아르노Bernard Arnault까지, 이들에게는 한 가지 공통점이 있다. 모두 프랑스의 명문 학교 에콜 폴리테크니크 졸업생들이라는 것이다.

프랑스의 자존심이기도 한 명문 그랑제콜 에콜 폴리테크니크는 1794년 '공공 사업 중앙 학교'라는 이름으로 설립됐다가 1804년 나폴

---

* 기체는 항상 일정한 부피비로 반응한다는 법칙이다.

1885~1925년경 에콜 폴리테크니크 정문

레옹에 의해 군사 학교로 바뀌면서 오늘날과 같은 이름으로 불리게
됐다.

에콜 폴리테크니크가 설립된 해는 1789년부터 약 5년에 걸쳐 일어
난 프랑스 혁명이 마무리되던 때였다. 왕정을 폐지하고 공화국 시민
으로서의 인권과 자유를 얻는 사회 변혁의 여정이었던 이 시기를 통해
프랑스는 '근대 국가', 그리고 그 근간이 되는 '국민'의 정체성을 형성
시켜 나갔다. 그리고 다른 한편으로는 왕정을 고수하려는 주변 강국
들과 끊임없는 전쟁을 치러야 했는데, 즉 대내적으로는 안정된 시민
공화국 체제를 실현시키면서 대외적으로는 주변국들과 싸우는 상황

이었다. 이에 프랑스 혁명 정부는 전국적으로 의용군을 모집해 국가 혁명군을 조직했다. 이전까지의 군대가 왕과 영주를 위해 싸우는 사병私兵 체제였다면, 이때부터는 국가 방위를 위해 싸우는 근대적 의미의 '국민 군대'가 태동하기 시작한 셈이다.

이처럼 프랑스 근대화의 최전선에는 군대가 있었다. 최초의 공화정이 선포됐던 1792년, 오스트리아의 선전포고로 시작된 전쟁 당시 조국을 위기에서 구해야 한다는 애국심과 혁명 정신으로 충만해 있던 마르세유 출신 의용군 병사들이 프로이센 군대를 상대로 대승을 거두면서 불렀던 군가 '라 마르세예즈La Marseillaise'가 프랑스의 국가國歌가 된

프랑스 혁명 당시 바스티유 감옥 습격 사건

것도 어쩌면 당연한 일이었다.

여기서 나아가 프랑스가 보다 근대적인 군대를 갖게 된 데는 1799년 국민 모두가 병역의 의무를 갖는 '국민 개병제', 징집 대상자의 의사와 상관없이 강제 징집하는 '전면 징병제'를 실시한 것이 큰 역할을 했다. 혁명과 반혁명의 소용돌이, 그리고 외부 침략을 동시에 진압해야 하는 상황 속에서 이에 필요한 무기와 군인이 턱없이 부족했던 프랑스에는 국민 개병제와 징병제가 이를 타개할 최선의 결정이었다.

그렇게 병력은 확보했지만 이번에는 장교가 문제였다. 귀족 출신이 대다수였던 장교들 가운데 공병工兵과 포병砲兵 장교들이 연달아 해외로 망명해 버린 것이었다. 이들을 대신할 새로운 전문 장교를 육성해야 했고, 이를 위해 과학 기술 교육 기관 확충이 시급해졌다.

그 시기 이미 프랑스에는 중등학교인 콜레주college, 성인 대상 학교인 콜레주 드 프랑스college de France, 전문 교육 기관인 그랑제콜grandes ecoles 같은 교육 기관이 운영되고 있었다. 그리고 이들 중에는 과학과 수학, 공학을 가르치는 국립·왕립 교육 기관들이 많았다. 18세기 초 군사적으로 필요한 기술 인력을 양성할 목적으로 설립한 포병 학교, 육·해군 공병 학교가 대표적이다. 이외에 광업 학교나 토목 학교, 그리고 수로 측량 학교 같은 전문 기술 학교에서도 장교뿐 아니라 관료와 같은 사회 엘리트들이 다수 배출됐다. 앞 장에서 이런 과학 아카데미를 비롯, 천문대나 식물원 등 정부 주도의 과학 기관을 통해 우수한 과학자와 수학자들이 탄생했음을 소개한 바 있다. 과학·공학 중심 학교들은 18세기 중반부터 펼쳐진 프랑스 과학의 황금기를 만든 주역이었다.

이처럼 프랑스에는 이미 과학 기술 교육의 토대가 갖춰져 있었지만 커다란 한계도 함께 갖고 있었다. 이런 교육 기관들이 주로 귀족과 부르주아 가문의 자제들에게만 열려 있던 것이다. 혁명의 바람은 교육에도 필요했다. 혁명 정부는 민중의 계몽을 위해 모든 시민에게 무상으로 보편 교육을 제공할 수 있도록 공공 교육 제도를 만들며 교육 기관들에 대대적인 개혁을 진행했다. 우선 초·중등 공공 교육 제도의 틀을 잡은 뒤 교사 양성을 위한 고등 사범 학교 에콜 노르말 쉬페리외르école normale supérieure를 설립하고, 다음으로 과학 기술 전문 교육 기관들을 정비했다. 물론 기술 전문 학교 설립의 목적이 비단 전쟁 준비 때문만은 아니었다. 근대로 접어드는 프랑스 사회의 산업적·경제적 요구와도 맞물려 있었다. 또한 교육 개혁의 필요성과 국가를 지키기 위해서라도 군대와 군사력을 길러야 한다는 정권의 자각이 합쳐졌기에 가능했던 일이다.

이때 가장 중심에 있던 학교가 바로 공공 사업 중앙 학교, 즉 에콜 폴리테크니크다. 이 학교의 설립 취지는 귀족이 아닌 일반인들에게도 과학과 기술을 합친 전문 교육을 제공하자는 것이었다. 처음에는 전쟁에 동원할 수 있는 기술 인력 배출이 주 목표였으나 점차 군대를 넘어 국가 운영에 참여할 엔지니어 기술 관료와 과학자 양성을 위한 실용적이고 전문적인 고등 과학 기술 교육의 기능을 충실히 수행했다.

니콜라 카르노   조제프 라그랑주   가스파르 몽주

　열역학과 열기관으로 잘 알려진 물리학자이자 군 지휘관으로 일
생을 마친 니콜라 카르노^{Nicolas Carnot}가 에콜 폴리테크니크 설립에 관
한 총괄 임무를 맡고, 국제적으로 명망 있는 해석학자 라그랑주가 초
대 학장을 지내는 등 당대 최고의 과학자와 수학자들이 교수로 참여했
다. '화법기하학과 미분기하학의 아버지'라 불리는 수학자이자, 혁명
기 해군 장관 및 군수 병기창 책임자였던 가스파르 몽주^{Gaspard Monge}는
에콜 폴리테크니크의 커리큘럼을 설계하고 교장까지 지냈다. 그는 프
랑스 혁명 당시 시민들의 애국심과 사기를 북돋아 승리를 거두기 위
해 그의 책임하에 제조한 대포나 화약을 광장에서 시연하는 등의 이벤
트를 열어 관심을 모으기도 했다. 에콜 폴리테크니크의 실험 설비는
주로 공병 학교와 라부아지에의 실험실 또는 병기창에서 가져온 것이

었다.

　재능만 있으면 신분을 가리지 않고 학생을 모집하자 수많은 지원자들이 모여들었고, 엄청난 경쟁을 거쳐 10대 후반의 학생 400명이 에콜 폴리테크니크에 첫발을 내디뎠다. 그리고 이후 이들은 대부분 군대와 국가 운영의 핵심 인력이나 전문 과학자들로 성장했다.

1804년 나폴레옹 보나파르트 초상화

이런 에콜 폴리테크니크에 유독 애정을 보인 한 사람이 있었다. 혁명 전쟁 속에서 군인으로 성공하고, 이후 총재를 거쳐 황제까지 등극한 나폴레옹 보나파르트Napoléon Bonaparte였다. 그가 혁명 정부 설립기의 정신을 그대로 계승했다고 보기는 어렵지만, 최소한 강력한 국가와 군대를 건설하고자 했던 꿈만큼은 고스란히 품고 있었다. '조국, 과학, 그리고 영광을 위하여'는 1804년 에콜 폴리테크니크를 육군 소속 사관 학교로 변경, 공식적인 군사적 지위를 부여하면서 나폴레옹이 제정한 교훈이다. 이후 공화정과 공화국의 혼란스러운 역사 속에서 학교와 학생들의 군사적 지지와 임무는 조금씩 변화했지만 전통은 지금까지도 이어져 프랑스 국적의 학생들은 일정 기간 군사 훈련을 마쳐야 하고, 군복을 예복으로 삼고 있다.

나폴레옹은 1798년 이집트 원정 때 몽주를 비롯해 에콜 폴리테크니크에서 교수로 재직 중이던 과학자와 수학자들에게 이집트 발굴과 조사를 맡겼고, 이후에는 도량형과 달력 개혁 등의 수많은 국가적 임무도 주었다. 이에 그는 프랑스 군대를 유럽 최고의 강군으로 키우면서 에콜 폴리테크니크 등의 군사 과학 기술 학교와 소속 학자들을 전략적이고 성공적으로 활용했던 것으로 평가받는다.

최근 군으로 진출하는 졸업생 비율은 점차 줄고 있으나 에콜 폴리테크니크는 세 명의 대통령을 포함해 다수의 관료와 고위급 장교, 사회 각계각층의 최고 인재들을 다수 배출해 온 명문 엘리트 교육 기관으로 오늘날까지도 자리매김하고 있다.

근대 국가로 변모 중이던 프랑스는 18세기 말부터 과학자들의 힘과 능력을 군대와 국정 운영에 동원했고, 이 과정에서 프랑스 과학은 르네상스를 맞이할 수 있었다. 포병과 공병 장교를 비롯한 군인 양성에 수학과 과학 교육이 필요하다는 인식에서부터 에콜 폴리테크니크와 같은 과학 전문 교육 시스템이 갖춰졌고, 여기서는 전문 군인뿐 아니라 세계 최고의 수학자와 과학자들이 배출됐다. 이후 이들이 전문 관료이자 전문직으로서 국정 운영을 담당하면서 과학자 사회는 국가 권력과 공생 관계를 맺기 시작했다. 하지만 이렇게 승승장구할 것만 같았던 프랑스 과학계는 얼마 지나지 않아 그 주도권을 독일에 내주고 말았다.

4장

프로이센의 반격

워털루 전투를 향한 빌드업

"군사력과 과학은 위대한 독일 제국을
지탱하는 두 기둥이다."

프랑스 혁명 전까지 유럽은 각 나라의 왕이 통치하는 구조였다. 국가의 모든 권력을 손에 쥔 왕은 마치 신과 같은 존재였다. 그렇다 보니 1792년 프랑스의 국왕 루이 16세의 처형은 유럽의 다른 나라들에 공포 그 자체일 수밖에 없었다. 정확히는 각국의 왕들에게 거대한 공포였다. 이 프랑스 민중 혁명의 소용돌이를 막아야겠다고 결심한 유럽 왕정 국가들은 프랑스 군대에 대항할 방법에 골몰하다가 대對프랑스 동맹을 결성하기로 했다.

13세기 독일 기사단이 발트해 연안 프로이센에 자리 잡으며 형성된 국가 프로이센도 대프랑스 동맹에 함께했던 나라 중 하나다. 기사단에서 출발한 만큼 강력한 군대와 군사력은 어느 나라에도 뒤지지 않는다고 자부했던 프로이센이지만 나폴레옹 군대의 벽을 넘지는 못했다.

1805년 아우스터리츠에 이어 1806년 예나에서 프랑스 군대에 대패하면서 수도인 베를린을 내주고 만 것이었다.

예나 전투의 참패는 프로이센에겐 너무나 큰 충격이었다. 이를 통렬하게 반성하며 전투를 복기하던 프로이센은 패배의 원인을 프랑스 군대의 선진 과학 기술 때문이라고 판단했다. 프랑스가 전 유럽 국가들, 특히 막강한 전투력을 지닌 영국과 프로이센을 상대하면서도 승리할 수 있던 건 결국 과학의 힘이라고 생각한 것이었다. 프랑스로부터 해방되고 독일 민족주의를 바탕으로 한 강한 나라를 만들겠다고 결심한 프로이센은 군대뿐 아니라 행정과 재정, 조세, 교육 분야를 모두 개혁하기로 했다.

프랑스에 에콜 폴리테크니크가 있다면, 프로이센에는 베를린 대학교(현재 베를린 훔볼트 대학교)가 있다. 예나 전투 패배 직후인 1810년, 알렉산더 폰 훔볼트Alexander von Humboldt를 위시한 인문 지식인과 관료들은 교육 개혁을 본격화하면서 베를린 대학교를 세운다. 베를린 대학교는 학문의 순수 연구를 중시하고, 지역 간 경쟁을 유도하는 오늘날의 대학 형태의 시초라고 할 수 있으며, 세미나·컬로퀴엄colloquium 등 대학 연구의 근간이 되는 학술 제도들 또한 모두 이 시기 독일의 대학을 중심으로 만들어져 전 세계에 퍼져 나갔다.

과학 기술의 발전을 꾀했던 프로이센은 철학과 고전 인문학뿐 아니라 자연과학 연구도 지원했다. 프랑스에서 유학하며 에콜 폴리테크니크 출신 화학자 게이뤼삭에게 사사한 유스투스 폰 리비히Justus von Liebig

1919년 베를린 훔볼트 대학교   알렉산더 폰 훔볼트

가 독일로 귀국하자 훔볼트는 리비히를 기센 대학교 교수로 추천했
다. 스물한 살에 기센 대학교 교수가 된 리비히는 그만의 독특한 '실험
실'을 만들었는데 기존 관행과 달리 실험실들을 학생에게까지 개방하
며 실험 중심 교육을 강조했다. 엄격한 분위기 속에서 우수한 연구자
들을 배출한 리비히의 실험실은 이후 프랑스 과학계를 압도하는 세계
적인 화학 연구의 중심지가 됐다. 19세기 중반 이후 리비히 실험실은
유럽뿐 아니라 일본 등 세계 각지의 유학생들로 붐빈 것은 물론, 이 실
험실 중심 연구 모델은 생리학과 해부학뿐 아니라 물리학 분야로까지
확장되며 독일 과학의 상징이 됐다. 오늘날 이공계 대학의 실험실 중
심 교육과 연구 제도는 이때 마련됐다고 할 수 있다. 리비히 실험실 출
신의 유기화학자들은 염료 공업과 화학 공업의 기틀을 세우며 이후 독
일 제국 산업화의 큰 축을 담당했다.

BOUILLON OXO EN FLACONS
CHIMISTES CELEBRES.
5) Le laboratoire de J. v. Liebig à Giessen (1840)
Reproduction interdite.   Voir l'explication au verso.

1840년 유스투스 폰 리비히 실험실 풍경을 그린 카드

　또한 프로이센의 교육 개혁은 에콜 폴리테크니크를 모방한 공과대
학을 육성하는 방식으로 이어졌다. 이러한 조치는 응용과 기술적 목
적에 우선하는 공학의 학문적 토대를 만드는 데 결정적인 역할을 했
다. 독일의 전기 산업을 일으킨 세계 최대 엔지니어링 기업인 지멘
스Siemens의 설립자이자 물리학자인 에른스트 지멘스Ernst Siemens도
1887년 국가의 지원을 받아 제국물리기술연구소Physikalisch-technische
Reichsanstalt, PTR를 설립하는데 이 연구소는 인근 베를린 대학교, 샤를로
텐부르크 공과대학교Technischen Hochschule Charlottenburg, THC와 함께 성장하
며 베를린을 세계 물리학의 메카로 만드는 데 일조했다. 당시 독일을
중심으로 발전하던 전기와 조명 산업에 순수 물리학이 결합하면서 다

양한 연구 성과들이 나왔다. 독일의 대표 이론 물리학자 막스 플랑크 Max Planck가 발표한 '흑체복사론'*이 그 대표적인 성과였다. 이는 아인 슈타인의 '광양자설'**로 이어지면서 고전물리학의 틀을 깨고 새로운 양자물리학을 탄생시키는 결정적 계기를 제공했다. 전폭적인 국가 지원으로 1911년 문을 연 카이저빌헬름협회(현재 막스플랑크연구소)의 설립 취지문에는 '기초 과학의 연구는 산업 발전에 필수적이며 군사력 과 과학은 위대한 독일 제국을 지탱하는 두 기둥'이라는 문장이 포함 됐다. 이런 믿음을 바탕으로 독일 제국은 국가의 자존심을 걸고 과학 을 지원했고, 그 결과 베를린은 세계 과학의 중심지가 될 수 있었다.

국가 개혁의 중심에는 군대와 군제의 개혁도 있었다. 프로이센 군 대의 부흥은 1806년 패전부터 1871년 독일 제국의 통일까지 60여 년 의 기간에 집중적으로 이뤄졌다. 개혁파 게르하르트 폰 샤른호르스 트Gerhard von Scharnhorst가 중심이 돼 프로이센 육군의 구조와 모습을 근 본적으로 바꾸기 시작했다. 우선 장교 선발과 진급에 있어 연공과 신 분 서열에 기댔던 과거 관행을 깨고 교육과 훈련 성적 등 철저한 성 과와 능력 중심으로 시스템을 변경했다. 1808년 국왕의 포고로 확정 된 엄청난 인사 혁신이었다. 그는 또한 전투와 전쟁에서 전술과 전략 에 대해 지휘부를 보좌하는 참모 조직을 만들어 엘리트 장교로 구성된 총 참모 본부를 키우기 시작했다. 이는 평시에도 전쟁을 준비하고 기

---

* 열이 전자기파를 통해 이동한다는 이론이다.
** 빛은 입자로 이루어져 있다는 가설이다.

게르하르트 폰
샤른호르스트

아우구스트 폰
그나이제나우

카를 폰 클라우제비츠

헬무트 폰 몰트케

획 · 계획하는 오늘날 매우 보편적인 군 구조인 '일반 참모제'의 효시라고 할 수 있다. 또한 참모와 전문 장교들을 육성하기 위한 전문 기술교육 기관 등 군사 기술 학교를 설립하고 정비하며 표준화된 교육 매뉴얼과 방식으로 잘 훈련된 전문 장교들을 배출했다.

이를 동력으로 교육 훈련 시스템뿐 아니라 군대 행정과 경영도 체계화했다. 여기에는 샤른호르스트 외에도 1815년 워털루 전투에서 나폴레옹 군대를 격파한 아우구스트 폰 그나이제나우August von Gneisenau, 군사 이론서의 고전《전쟁론》을 쓴 카를 폰 클라우제비츠Karl von Clausewitz, 독일 통일을 앞장서 이뤄 낸 헬무트 폰 몰트케Helmuth von Moltke 등 프로이센 군사 지휘관이자 전략가들의 기여가 컸다. 이들은 프랑스 군대를 비롯한 다른 나라의 군대와 전쟁사를 철저히 분석해 군사 전략과 전술 이론을 정립하는 동시에 프로이센 군대를 직접 지휘하면서 유럽 최강군으로 키워 나갔다.

프로이센 군제 개혁의 꽃은 현대적 방식으로 국민 개병제의 병역제를 바탕으로 하는 정규군과 예비군 제도의 동원군제를 확립한 것이었다. 타국의 군대들이 주로 장기 복무형 직업 군인으로 구성돼 있던 시기에 국가가 고용하는 방식의 군대를 유지하기엔 재정적으로 버거웠던 프로이센은 비용을 아낄 수 있는 3년의 기한제 정규군을 편성했다. 동시에 전역 후 민병대라고 불리는 예비군 제도를 만들어 전시와 평시 병력 규모를 유지할 수 있는 실질적인 국민 개병제를 정착시켰다.

프로이센 군대는 이런 개혁을 밑거름 삼아 워털루 전투에서 나폴레옹에게 최후의 일격을 가하며 마침내 승리를 거뒀고, 1806년 예나 패전을 설욕하는 동시에 유럽에서 기선을 잡아 나가기 시작했다. 물론 프로이센 군대의 최전성기는 빌헬름 1세가 철혈재상 오토 폰 비스마

워털루 전투를 묘사한 그림

르크Otto von Bismarck를 등용한 1862년을 시작점으로 볼 수 있다. 그간의 군 개혁 성과들이 누적된 프로이센 군대는 1864년 덴마크와의 전쟁에서 빠른 속도의 진격전으로 5주 만에 승리를 거두면서 위력을 과시했다. 당시 참모총장이었던 몰트케 같은 능력 있는 지휘관에 의해 잘 훈련되고 통제된 중앙 집권형 군 구조와 운영 방식이 얼마나 제대로 효과를 발휘할 수 있는지를 보여 준 사례였다.

승리의 기쁨은 국민의 결집된 애국심으로 이어졌고 독일 통일에 대한 국민적 열망은 높아 갔다. 곧이어 프로이센은 보헤미아를 침공, 주변국들과 강화 조약을 맺으며 정치적 · 군사적 통일의 기반을 닦아 나갔고, 1870~1871년에는 유럽 최강을 자랑하던 오스트리아와 프랑스 군대를 물리치며 독일 제국을 통일했다.

프로이센의 군대 개혁이 이처럼 크게 성공을 거두자 이 시기 확립된 프로이센 군대의 여러 요소가 전 세계 군대의 표준과 전통으로 확산됐다.

물론 프로이센이 유럽 최고의 강군으로 부상한 배경에는 군대 개혁의 성과만 있었던 건 아니다. 당시 본격화하던 산업혁명의 요소들도 직간접적으로 영향을 미쳤다. 기술과 공학, 그리고 생산과 산업 분야 발전에 따른 군사 공학, 무기체계의 혁신, 통신이나 수송 수단의 혁명적 발전 등이 프로이센의 승리에 크게 기여했다.

'산업혁명'은 역사학자 아널드 토인비Arnold Toynbee가 처음 사용했던 용어로, 대략 1760년대부터 1840년대까지 영국을 중심으로 한 경제적 생산력의 혁명적 발전을 의미한다. 이 시기 영국의 산업혁명을 1차 산업혁명, 그리고 뒤이어 1850년대 본격화한 독일과 미국의 산업적 발전을 2차 산업혁명으로 구분한다. 통상 산업혁명을 통해 농업 및 가내수공업의 경제 구조가 붕괴하고 근대 기계 공업 중심의 생산과 산업 시스템이 만들어지면서 자본주의 체제가 공고화한 것으로 알려져 있다. 이런 경제와 산업 구조의 변화는 나아가 국가와 사회, 사람들의 일상적 규범이나 인식 구조까지도 근본적으로 바꿔 놓았다. 산업혁명은 주로 금속 소재, 증기기관의 새로운 에너지 동력원, 기계 분야에서 시작해 증기기관차와 증기선, 그리고 전자기 기술에 기반한 무선 통신 등 운송과 통신 체계의 혁명으로 번져 갔다. 특히 철강 기술과 산업의 혁신은 군사 분야에 바로 적용되면서 군사 과학 기술과 군사 공학 분야의 성장과 무기체계의 혁신을 가져왔고, 프로이센의 군사력 증대와 승리의 주요 동력이 됐다.

 1864년 덴마크 전쟁 이전에 프로이센 보병은 전장식 라이플* 대신 재장전 속도가 빠르게 개량된 흔히 니들건**이라고 부르는 후장식 라이플로 재무장하면서 화력을 획기적으로 높일 수 있었다. 또 장인들이 공방에서 소량 생산하는 방식이 아닌 기계 장비와 시설을 갖춘 대량 생산 시스템으로 소총기들을 만들며 단기간에 프로이센 병사들을

---

* 내부에 나사 모양의 홈을 새긴 소총으로, 탄알이 회전하면서 날기 때문에 명중률이 높다.
** 총구에 화약을 넣고 불을 붙여 탄환을 쏘는 전장식과 달리 후장식은 탄알과 화약을 하나로 만든 총알을 사용해 전장식보다 빠르게 조준 사격을 할 수 있다.

무장시켰다.

이런 총기 대량 생산 방식은 프로이센 고유의 기술은 아니었다. 산업 인력이 부족했던 미국에서 촉발된 소총기의 표준화된 대량 생산 기술과 노하우가 1851년 영국 런던의 만국박람회를 거쳐 유럽에 전달됐고 프로이센이 이를 신속히 받아들였던 것이다. 프로이센 외에도 많은 나라들이 소화기小火器의 혁신을 수용했지만 그간 군대 개혁을 통해 육성된 프로이센의 전문 기술 장교들은 신무기로 무장된 부대원들을 표준화된 훈련 시스템으로 다른 어떤 나라보다 신속하고 효과적으로 훈련시켰다.

이 시기 유럽에서는 대포 같은 대화기大火器 역시 철강 기술과 엄청난 산업 발전 덕분에 신무기체계로 거듭나고 있었다. 영국의 발명가 헨리 베서머Henry Bessemer는 1850년대 새로 설계된 대포를 실험하는 과정에서 공기를 주입해 더 튼튼한 강철을 대량 주조할 수 있는 베서머 제강법을 발견했고, 이는 곧 야금학이라는 새로운 공학 분야의 발전으로 이어졌다. 이 베서머 제강법을 바탕으로 독일의 제강업자 알프레트 크루프Alfred Krupp는 당시 영국 군대가 독점하고 있던 대포와 함포 생산 분야에 뛰어들었다. 그가 새롭게 만든 대포는 1870년 프로이센-프랑스 전쟁(보불 전쟁) 때 소개돼 품질을 인정받았다. 프로이센 군대는 곧 크루프의 대포로 무장할 수 있었고 크루프가 설립한 회사 크루프Friedrich Krupp AG(현재 티센크루프)는 독일을 대표하는 철강 및 군수 기업으로 성장했다.

영국에서 출발한 강철 주조와 증기기관 기술의 발전도 독일로 번져왔다. 군사력과 정치력을 키워 가던 프로이센을 비롯한 독일 연방은 철광과 석탄이 풍부한 지역을 확보하면서 철강과 철도 산업을 급속히 성장시켰고, 몰트케로 대표되는 프로이센 지휘부는 철도 시스템을 바로 군대의 수송과 보급 체계에 적용, 전쟁을 승리로 이끌었다. 이뿐 아니라 중앙집권적 시스템으로 운영되던 프로이센 군대는 무선 통신과 전자기 기술의 발달로 전장에서 가장 효율적으로 지휘명령을 하달할 통신 수단을 갖게 됐다. 이런 산업혁명의 성과들은 1800년대 초부터 추진해 온 프로이센 군제 개혁과 효과적으로 맞물리며 유럽 최강의 독일 제국 군대를 탄생시켰다.

이 시기를 거치면서 과학자 사회는 국가 관료이자 전문 직업인으로 과학을 연구할 수 있는 프랑스 과학의 전통과 함께 대학과 연구소를 중심으로 제도적으로 과학 연구를 보장받을 수 있는 독일 과학의 전통을 동시에 물려받음으로써 현대 과학 기술자의 지위를 갖게 됐다. 또한 산업과 군사적 의미에서도 과학과 기술의 전통이 융합해 국가 지원 시스템을 갖춘 현대의 과학 기술로 진화했다.

예나 전투의 굴욕에서 출발한 프로이센의 국가 개혁 정신은 1871년 독일 제국의 통일과 1880년대 말부터의 빌헬름 시대(1890~1918년, 빌헬름 2세 통치기)를 거치면서도 그 동력을 잃지 않았다. 오히려 산업 혁명기에 베를린을 중심으로 기술과 산업을 발전시키는 동시에 군사 강국을 만들기 위한 수단으로 과학 진흥을 국가적 차원에서 추진했다. 그러나 안타깝게도 이 같은 독일의 국가주의적 과학 기술 진흥의 이념은 이후 1차 세계대전과 독일 제국주의 등장의 한 원인이 되기도 했다.

5장

공학의
탄생

그리보발의 대포

한 국가의 위상과 경쟁력은 대체로 경제적 부와 군사력에 의해 좌우된다. 이 경제력과 군사력을 결정짓는 공통분모가 바로 그 나라 '과학 기술의 힘'이라는 점 또한 현대 국가의 특성이다. '과학 기술'은 원래 그 뿌리와 발전 경로가 달랐던 '과학'과 '기술'의 전통이 합쳐진 역사적 산물이자 현대 문명 사회의 핵심 요소다.

여기서 '과학'은 자연과 우주의 현상과 원리를 합리적이고 체계적으로 설명하는 자연과학을 의미하고, '기술'은 인간의 필요에 따라 응용을 목적으로 개발된 지식을 뜻한다. 사실 근대에 이르기까지 서구에서의 과학은 자연철학으로 불리며 대체로 사회 상류 계층 중심의 사색과 학문적 전통을 가졌던 반면, 기술은 사회 중하위 생산 계층이나 장인 문화를 중심으로 발전했다. 그러나 17~18세기에 형성된 서유럽 중심의 근대 과학이 18세기 중반부터 19세기 초반까지 산업혁명을 거치며 폭발적으로 발전한 기술과 만나면서 전문 학문 체계인 '공학'으로 거듭났다. 즉, 공학은 기술적 전통이 수학과 근대 자연과학적 지식을 흡수하며 만들어진 학문이다. 그리고 19세기 중후반부터는 과학과 공학, 기술과 산업이 한데 어우러져 사회 변화와 진화의 가장 큰 동력이자 특징이 됐다. 오늘날 과학 지식과 기술 지식의 엄격한 분리는 불가능하다. 응용 목적의 기술과 공학 지식도 과학적 지식이 바탕이 되거나 동시에 발전하기 때문에 대체로 '과학 기술'은 융합된 한 단어처럼 쓰이고 있다.

역사적으로 과학 기술의 중심 국가는 시대에 따라 바뀌어 왔다. 분야마다 차이는 있지만 현재 과학 기술의 종주국은 미국이다. 중국과 러시아 역시 국가의 크기만큼이나 과학 기술이 앞선 나라로 꼽히지만, 평균과 총합 면에서 미국이 세계 과학 기술의 중심이라는 점에는 이견이 없다. 그리고 이런 미국 과학 기술의 힘 중 상당 부분은 세계 최고 수준의 군사 과학 기술로부터 나온다는 것 또한 전문가들의 일반적인 진단이다. 미국은 1, 2차 세계대전을 겪으면서 세계 과학 기술의 중심지로 부상했다. 그 이전인 19세기 중후반만 해도 미국 학생들이 과학을 공부하기 위해 가장 많이 유학을 떠난 곳은 당대 최고의 과학 선진국이던 독일 제국, 즉 프로이센이었다. 프로이센의 초기 과학자들 역시 18세기 말부터 19세기 초반까지 황금기를 구가하던 프랑스 과학계의 제자들이었다. 이처럼 근현대에 과학의 중심이 이동하는 경로 뒤에는 공통적으로 군대의 강화와 전쟁이 있었다. 전쟁을 계기로 과학의 중심이 이동한 것이다.

영어로 공학을 뜻하는 'engineering'의 어원은 기계를 의미하는 '엔진engine'에서 비롯됐다. 여기서 기계란 전쟁에 쓰이는 군사용 기계 장치를 말한다. 근대 공학의 시초는 전쟁에 쓰이는 군대의 공병 기술이었다. 당시 전쟁을 위해 필요한 기계 중에는 돌을 던져 공격하는 기구인 투석기 같은 무기도 있었지만, 주는 토목 공사를 하는 데 필요한 여러 장치들이었다. 토목 기술이 군사 공학으로서 군대를 대표하는 주류 전통 기술이 된 것도 그 때문이다. 일찍이 군대의 토목 엔지니어들은 전쟁 때 적의 포격이나 근접 방어를 위해 성곽을 만들고, 하천의 가교를 설치하고, 진격과 수송을 위한 도로 및 군사용 시설공사를 구상하고 책임지며 전문 공병 장교로서 인정받았다.

토목공학의 발전 시기나 공병 장교를 양성하는 방식, 그리고 다른 공학 분야로 분화하는 양상은 유럽의 나라마다 조금씩 차이가 있지만 대체로 그 출발을 1600년대 후반 프랑스 루이 14세가 군대 기술 조직으로서 토목 엔지니어 조직인 공병대를 만든 시점으로 본다. 이때 육성된 공병 기술 장교들은 토목공학에 관한 전문성을 갖고 군대 외에도 국가의 기간 시설을 건설하는 대규모 토목 건축 사업에 동원됐다. 1508년 루이 12세의 공표로 과거 수도원이나 지방 영주들이 주도하던 지역의 토목 사업이 국가 주도로 바뀌면서 벌어진 일이었다. 교통과 공공 시설을 국가가 관할하도록 시스템을 바꾸며 대로관리국이 설립됐고, 국가 차원에서 재정을 투입한 대규모 공공 토목 사업도 체계화했다. 그러자 엔지니어에 대한 수요가 늘었고, 이 과정에서 국가 사업에 적극 동원될 수 있었던 엔지니어들은 주로 군대에서 양성된 일부 공병 장교 토목 엔지니어였다.

이들은 군대의 토목 공사뿐 아니라 군대 밖의 국가 사업에 참여하는 민간 엔지니어로서 과거와는 다른 새로운 정체성을 갖기 시작했다. 이들의 주도로 군사 토목공학이 민간 토목공학으로 이전됐고, 군사 공학과 민간 공학이 분화하면서 각기 발전하기 시작했다. 당시의 공학은 아직 학문적 체계를 완전히 갖추고 있진 못했지만 그래도 기술적 전문성을 지닌 엔지니어 집단의 대부분이 토목 엔지니어로서 주류를 형성하고 있었다. 이때 만들어진 전통으로 지금도 군사 공학military engineering은 군사 토목공학과 공병학으로, 민간 공학civil engineering은 일반 토목공학으로 번역된다.

군대의 기술자들이 이런 공병 장교만 있던 건 아니었다. 중세 끝자락부터 일찍이 대형 화기들이 개량됐고, 프랑스 혁명기에는 신기술을 적용한 신형 대포가 전장에 등장했다. 이런 신형 무기체계에 야전 공격을 위한 혁신적 포병 전술까지 적용되자 군대는 한층 더 큰 위력을 발휘했다. 이처럼 기술과 전술의 혁신을 동시에 이룬 주인공은 그리보발 포병 시스템으로 유명한 장바티스트 그리보발Jean-Baptiste Gribeauval이다. 그리보발은 야전에서의 기동력 확보가 전쟁의 성패를 좌우한다고 판단, 가벼운 대포를 만들기로 했다. 이를 위해 대포통의 길이를 줄

프랑스 혁명 당시인 1795년 10월 5일 그리보발의 대포

이는데 그러다 보니 정확성이 떨어졌다. 어떻게 하면 가벼우면서도 정확하게 적을 공격할 수 있을까 고민하던 그리보발은 대포알의 구경 수를 12파운드, 8파운드, 4파운드 3종으로 규격화하고, 완전한 구형으로 표준화했다. 또한 대포를 이동시키는 마차의 차축을 기존 목재에서 철재로 전격 교체하고 못 대신 나사 장치를 도입함으로써 포신을 더 쉽게 움직일 수 있도록 하는 등 새로운 기술과 그에 맞는 전술을 동시에 전장에 적용시켰다.

신형 화포 운용이 본격화하면서 이전에 비해 보병이나 기병과 같이 포병 병과의 독립적 위상이 커져 갔고, 동시에 포병 장교의 기술적 전문성을 높이기 위한 교육의 필요성 또한 더욱 커졌다.

포병 무기체계나 전략, 그리고 공병술이나 공병 공법들은 창과 방패처럼 상호 영향을 주면서 개량과 발전을 거듭해 갔다. 1700년대 들어 군사 기술과 혁신을 배경으로 토목 엔지니어인 공병을 비롯, 군대의 기술 장교들을 본격적으로 육성하기 위해 공병 학교와 포병 학교, 광산 학교 들이 설립됐다. 동시에 토목공학 분야에서는 비군사적 분야의 토목 기술자 양성을 위해 1747년 왕립 토목 학교가 설립됐는데, 이후 군사 공병 장교들과 민간 토목 기술자들 간에 상당한 경쟁 양상이 벌어지기도 했다. 이로 인해 벌어진 학교 난립은 프랑스 혁명기를 맞아 공공 교육 개혁의 대상이 됐고 그 일환으로 군사 토목 학교와 왕립 토목 학교의 합병이 추진됐다. 이 학교는 다시 다른 군사 기술 학교들과 병합됐는데 그렇게 문을 연 게 3장에서 소개한 공공 사업 중앙 학교, 즉 에콜 폴리테크니크다. 에콜 폴리테크니크를 포함해 공병과 포병 학교 등 군사 기술 학교에서 프랑스 최고 수준의 과학자와 수학자들이 수학과 해석기하학, 그리고 공학의 여러 분야를 가르치면서 학문을 발전시키고 우수 학생들을 양성했으며 이는 프랑스 과학과 공학의 발전으로 이어졌다. 과학자를 전문 교육을 받아 자격을 갖춰야 하는 전문 직업의 영역으로 끌어올림과 동시에 그들은 국가 관료로서 군대와 국가의 경영에도 참여했다.

이처럼 프랑스 혁명기를 지나면서 한편으로는 과학자들이 전문 직업화됐고, 또 다른 한편에서는 자연과학으로부터 독립해 근대적 학문 체계를 갖춘 공학 분야가 성장해 근대 엔지니어들도 전문 직업인으로 인정받기 시작했다. 과학자와 엔지니어의 전문 직업화는 모두 군대 운영과 전쟁 수행을 위한 국가 주도의 군사적 필요와 목적을 배경으로 진행됐다. 루이 14세의 "짐은 이제 죽는다. 그러나 국가는 영원하리라."라는 유언처럼 그가 가장 중시했던 군제 개혁은 결국 프랑스가 강국이 되는 기초가 됐다.

국가가 주도해 군사 기술 교육 기관을 설립하고 군사 공학을 발전시켰던 프랑스식 모델은 프로이센으로 확산됐다. 다만 영국에서는 프랑스·독일과는 완전히 다르게 국가가 주도하지 못하고 장인과 기술자의 전통에 기대는 비조직적인 방식으로 군사 공학과 기술 발전이 진행되는 경향성을 보였다. 이처럼 국가와 지역마다 군사 기술과 그 교육의 발전 방식이 달랐고, 이는 각 나라 군대의 전통과 특성으로 자리 잡게 됐다.

근대 국가의 형성 과정에서 군대는 본격적으로 전문화·체계화했다. 하지만 반대로 군대 또한 진화 과정에서 서양 근대 사회 형성에 상당한 영향을 끼쳤다. 즉, 국가와 군대 시스템은 서로 영향을 주고받는 상호 관계 속에서 변화, 발전해 왔다고 할 수 있다. 군대의 근대화가 사회에 미친 가장 큰 영향 중 하나는 공학이라는 새로운 분야를 개척한 것이다. 전쟁을 수행하는 데 필수적인 군사 기술적 지식과 노하우가 근대 사회 물질문명의 기반을 이루는 공학 분야로 체계화했고, 기술 공학 분야의 전문 자격을 갖춘 엔지니어라는 직업과 정체성을 만드는 데 결정적인 역할을 했다.

6장

크림 전쟁과
1세대 방산 기업

암스트롱 포 vs.
휘트워스 라이플

1815년 워털루 전투에서 프랑스 군대가 영국과 프로이센 군대에 패배
하면서 영원히 승승장구할 것 같던 나폴레옹 시대도 결국 막을 내렸
다. 이후 동맹을 결성한 유럽은 한동안 모든 것이 평화롭기 그지없었
다. 아니 최소한 표면적으로는 그렇게 보였다. 국제 평화와 질서 유지
를 명목으로 결성한 러시아·오스트리아·프로이센의 '신성 동맹'에
는 영국을 제외한 유럽의 다른 여러 국가들이 참여했고, 애초에 대프
랑스 동맹으로 결성됐던 영국·러시아·오스트리아·프로이센의 '4국
동맹'에는 1818년 프랑스가 추가돼 '5국 동맹'이 됐다.

　하지만 강대국의 야욕은 쉽게 감출 수도 없고, 사그라지지도 않는
법이다. 러시아는 호시탐탐 서아시아로 진출할 기회를 노렸고, 영국
은 이를 경계하며 지켜봤다. 영국의 경계심을 아는지 모르는지 러시

아는 "우리는 지중해로 나아가야 한다!"라고 강력히 외치며 우크라이나 남부에 있는 크림반도를 교두보 삼아 전진을 꾀했다. 그들의 첫 번째 목표는 오스만 제국이었다. 당시 오스만 제국은 근대화에 뒤처져 있었을 뿐 아니라 오스트리아, 프랑스 등과의 전쟁에서 패하며 영토도 빼앗기고 기세도 꺾인 상태였다. 이에 러시아는 이슬람 국가인 오스만 제국 안에 있는 그리스 정교 종교인들을 보호하기 위해 자신들이 성지를 관리하겠다는 명분을 내세우며 시비를 걸었다.

같은 시각 영국은 러시아가 지중해를 차지하게 되면 무역에 지장을 초래할 수 있고, 러시아가 막강한 세력을 형성하는 게 아닐까 하는 걱정에 사로잡혀 있었다. 걱정스럽게 상황을 지켜보던 중 러시아가 크림반도에 자리를 잡고 오스만 제국에 선전포고를 하자 영국도 본격적인 행동에 나서기로 했다. 프랑스와 협력해 오스만 제국을 지원하기로 한 것이었다. 평화로웠던 유럽은 이렇게 다시 한번 전쟁에 휩싸이게 되는데 이 전쟁이 1853~1856년에 벌어진 크림 전쟁이다.

전쟁은 보편적으로는 위기이지만 또 다른 누군가엔 기회다. 전쟁으로 무기 소요가 급증하자 무기 회사들은 호황을 맞았다.

1760년대부터 1840년대까지의 1차 산업혁명기에는 영국을 중심으로 철·강철 등 금속 소재, 석탄·증기기관 등 새로운 에너지 동력원, 방직기·증기기관차·증기선 같은 기계 분야가 급격히 성장했고, 1850년대부터의 2차 산업혁명기에는 독일·미국을 중심으로 전자기 기술 기반 무선통신, 철도 기반의 운송 체계, 화학 공업 분야로 성장세

크림 전쟁 당시 영국 캠프

가 확산됐다. 특히 1차 산업혁명의 수혜를 누리던 영국과, 후발 주자로 뛰어든 독일을 중심으로 가시화한 혁신적인 성과들이 군사 분야에 적용되면서 군사 기술 분야의 성장과 무기체계의 혁신이 이어졌다. 과학 발전이 직접적인 군사 무기의 혁신 동력이라고 할 수는 없지만 산업혁명 시기에 일어난 여러 산업과 일부 기술의 혁신이 군사 분야에 적용되면서 군사 기술의 발전을 추동했다는 데는 이론의 여지가 없다. 이때 일부 산업 변화에 발 빠르게 대응하며 기술 혁신의 기회를 잡은 몇몇 민간 업자들은 무기를 직접 생산, 판매하기 시작했다. 그리고 자국군의 적극적인 지원을 받으며 유럽을 비롯, 세계 각지로부터 밀

려드는 주문을 소화하기 위해 몸집을 키우면서 1세대 방산 대기업으로 성장했다.

산업혁명의 불꽃을 점화시킨 건 1700년대 후반 뉴커먼 엔진을 개량한 제임스 와트James Watt였다. 와트가 개발한 증기기관은 곧 방적기와 방직기의 동력 장치로 이용되면서 면직물을 대량 생산할 수 있게 됐고, 이는 다시 면직 공업의 발전으로 이어졌다. 그리고 이 증기 엔진 기술은 1807년 로버트 풀턴Robert Fulton의 증기선과 1814년 조지 스티븐슨George Stephenson의 증기기관차 등 운송 분야로 활용처를 옮기며 근대적 기계 산업과 문명의 기반을 닦았다.

철강 산업 또한 1800년대 중반 영국을 당대 최고의 산업 국가로 만든 일등공신이다. 철강 기술 혁신의 물결은 영국을 넘어 유럽 대륙까지 번지며 철도 산업과 운송 산업의 획기적인 발전을 가져왔다. 이 시기 대포의 포신을 강하게 만들기 위한 기술을 고민하다가 더 강한 철을 보다 빠르게 생산할 수 있는 제강법을 고안해 낸 베서머는 세계 철강 업계의 대부가 됐다. 이후 평로법, 염기성 제강법 등 손쉽게 불순물을 제거하고 철을 대량 생산할 수 있는 혁신적인 제강법들이 등장하자 철강 생산비가 급락하면서 철이 '산업의 쌀'이라 불리는 강철의 시대가 열렸다. 이런 변화는 자연스레 군사 무기의 발전으로 이어졌다.

발전하는 기술력의 시대에 크림 전쟁의 수혜를 받으며 성장한 기업들이 있다. 영국의 버밍엄 소화기 회사Birmingham Small Arms Company Limited(현재 런던 소화기 회사), 비커스Vickers Defence System, 암스트롱WG

Armstrong, 독일의 크루프 등이 대표적이다.

국가와 군대 시스템이 근대화한 이후 유럽에서 무기체계의 개발과 생산은 일반적으로 국가가 담당했다. 영국 역시 왕실이 주도하고 있었다. 일부 민간 장인들에게 제조를 위탁하기도 했지만 대체로 소총 등 소화기는 엔필드 왕립 조병창Royal Small Arms Factory, RSAF에서, 대포 등 대화기는 울위치Woolwich 조병창에서 맡았다. 그러나 크림 전쟁이 발발하면서 소화기 주문이 쏟아지자 기존 생산 시스템으로는 도저히 주문량을 따라잡을 수 없었고, 결국 영국과 독일은 미국의 총기 대량 생산 시스템을 조병창에 도입하기로 했다. 새로운 시스템이 도입되자 생산량은 획기적으로 늘었다. 하지만 그 과정에서 조병창 작업에 참여하던 장인 중 일부가 독립해 나와 대량 생산 시스템을 갖춘 버밍엄 소화기 회사를 설립, 영국 군대에 납품뿐 아니라 수출 물량을 생산하는 대기업으로 성장시켰다.

여기에 에드워드 비커스Edward Vickers나 윌리엄 암스트롱William Armstrong 같은 민간 엔지니어들도 군사 무기의 개량, 혁신에 뛰어들어 기업을 경영하기 시작했다. 그들이 세운 회사 비커스와 암스트롱도 산업혁명의 수혜를 입은 1세대 글로벌 방산 기업이다. 암스트롱은 유압 압축기를 개발한 엔지니어이자 기업가였다. 그는 크림 전쟁 중 후장식 강선포*를 개발해 영국 군대에 특허를 양도했고, 1860년대 영국 군

---

* 강철선으로 몸통을 감아서 만든 포이다. 강철선이 포를 쏠 때 발생하는 압력을 줄여준다.

1865년 암스트롱 포

대에 독점 판매권을 보장받으면서 유럽 최고의 민간 대포 제작 기업으로 회사를 성장시켰다. 암스트롱은 이후 엔필드 소총의 후속으로 '휘트워스 라이플'을 만든 휘트워스Whitworth 등 여러 회사와 경쟁하며 무기 개량과 혁신을 이어갔다.

독일의 제강업자 크루프 역시 베서머 제강법의 가치를 누구보다 먼저 알아본 덕분에 자신의 회사를 세계 최고의 방산 기업으로 성장시켰다. 아버지가 세운 회사를 물려받은 크루프는 베서머 제강법을 적용, 개량해 1856년 최고 성능의 강철포인 크루프 포 제작에 성공했다. 그리고 이를 발판 삼아 1860년대부터 프로이센뿐 아니라 글로벌 시장으

1861년 휘트워스 라이플

로 육상과 해상 포를 수출하는 기업이 됐다.

　이처럼 군사 무기의 기술 혁신이 진행되며 새로운 시대가 열렸다. 유럽 각국 군대들은 기동성과 화력 측면에서 지속적인 기술 혁신을 이루던 민간 엔지니어와 기업들의 경쟁 속에서 더 강력하고 새로운 무기를 갖추는 혜택을 누렸고, 국영 조병창과 국가 소유의 군수 기업은 독점을 포기하는 대신 민간 방산 기업과 협조하고, 대규모 구매 계약을 맺으며 같이 성장해 갔다. 국가와 군대는 민간 군수 기업에 자군이 필요로 하는 성능을 가진 무기의 개발과 제작을 구체적으로 사전 주문했고, 이런 군 수요 기반의 무기 생산 방식은 새로운 군사 기술과 군수 산업의 도래를 알리는 신호탄이 됐다. 이렇게 1세대 글로벌 방산 기업들은 자신만의 입지를 세워 나가고 있었다.

7장

트라팔가르 해전이 쏘아 올린 근대 해군력의 진화

나폴레옹 함부터 드레드노트까지

"돛대가 버틸 수 있는 한
돛을 더 펼쳐라!"

유럽 대륙을 거의 제패한 나폴레옹은 끝으로 영국으로 향했다. 그리고 1805년 영국의 트라팔가르 해협에서 영국 해군 대 프랑스-스페인 연합 해군의 결전이 벌어졌다. 당시 영국 함대는 함선 스물일곱 척, 프랑스-스페인 연합 함대는 함선 서른세 척으로 영국 해군이 수적으로 상당히 불리한 상황이었으나 영국 함대를 이끈 호레이쇼 넬슨Horatio Nelson의 탁월한 전략으로 단 한 척의 함선도 격침되지 않고 승리를 거뒀다. 넬슨은 깃발 신호로 각 함선들에 명령을 내렸는데 그때 내린 지침 중 하나가 "돛대가 버틸 수 있는 한 돛을 더 펼쳐라!"였다. 연합 함대의 진형 중앙을 최대한 가까이 돌파하는 넬슨의 획기적인 전술에 상대는 당황했고, 그 틈을 이용해 승리를 이뤄 냈다.

　당시 바다에서의 전투만큼은 영국을 당해 낼 나라가 없었다. 그만큼

트라팔가르 해전   호레이쇼 넬슨

영국은 해군 전력에서 최강국이었다. 재래식 목제 범선을 고수하면서
도 늘 승리하다 보니 영국은 신기술 적용에 매우 보수적인 입장이었다.
그랬던 영국이 생각을 바꾼 건 프랑스의 나폴레옹 함을 본 뒤였다. 트
라팔가르 해전의 패배를 설욕하고자 와신상담한 프랑스는 1850년 증
기기관을 동력원으로 하는 나폴레옹 함을 진수했다. 나폴레옹 함은 증
기기관을 추진 동력으로 쓰고 있었을 뿐 아니라 1840년대 개발된 스크
루 프로펠러*를 장착했으며 목재 대신 일부 철재를 두른 철갑선의 초기
모델로 제작됐다. 폭약 내장형 탄환을 갖춘 대구경 함포를 장착했던 이
신형 군함은 영국과의 전함 경쟁을 유발하기에 충분할 만큼 파괴력이

* 원동기의 힘에 의해 선박과 항공기를 추진할 수 있게 만든 장치다.

나폴레옹 함

아가멤논 함

있었다. 영국은 이런 나폴레옹 함에 대항하기 위해 1852년 신형 아가멤논 함을 만들기 시작했다.

재래식 목제 범선의 약한 내구성을 보완하기 위해 방호용 철갑을 장착한 철갑형 범선이 나오고, 철갑의 무게 때문에 둔중해진 배의 기동성을 보강하기 위해 추진력이 강한 증기기관 엔진의 개발과 개량이 이어졌으며, 이런 새로운 군함과 무기체계의 등장으로 전에 없던 해군 전술과 작전 개념이 출현했다.

19세기 내내 영국에서 산업과 군사력의 성장은 서로 맞물려 있었다. 물론 당시 영국의 군사력, 특히 해군력의 증강은 프랑스와 프로이센 등 유럽 열강들과의 숨 가쁜 군비 경쟁을 주요 배경으로 이루어졌다. 그러나 대체로 영국 군대는 산업혁명의 수혜를 바탕으로 군사력을 현대화해 갔고 산업계는 산업계대로 군대라는 수요처로 인해 그 규모를 유지하거나 확장하면서 산업혁명의 동력을 얻을 수 있었다.

1800년대 전반에는 영국 육군과 해군이 산업혁명의 최중심부였던 철강 산업의 규모를 키우는 가장 큰 수요처 중 하나였는데, 제철 기법과 산업의 성장에 따라 개선된 철강 품질이 강선포와 같은 대화기와 철선鐵船 군함 등 대형 무기체계의 혁신과 발전의 시발점이 됐던 것으로 평가받고 있다. 물론 이후의 과정은 순탄치 않았고 상당히 복잡하게 전개됐다. 과거의 주력 무기와 작전술에 연연하면서 보수적이던 영국보다 프랑스가 앞서 개량된 기술과 무기를 선보이기도 했고, 함정에 탑재하는 대포 기술과, 군함을 방호하는 장갑과 함정 건조 기술이 서로 창과 방패의 싸움 양상을 띠면서 경쟁적으로 개량과 혁신의 경로를 따라 발전했다. 그리고 그 길의 끝은 결국 군사 기술의 혁신과 무기 제작의 산업화였다. 구체적으로 1800년대 전반부터 시작된 영국 해군력의 강화는 산업혁명의 직간접적 영향을 받아 성장할 수 있었던 함포 제조 기술과 증기기관의 등장, 그리고 저렴하고 강한 철강을 생산하는 제철 산업의 발전이 서로 엮이면서 가능했다. 처음에는 영국과 프랑스를 중심으로, 1800년대 후반에는 프로이센까지 가세하면서 유럽 제국 간에 해군 무기체계의 개량과 기술 혁신이 서로 꼬리에 꼬리를 물고 이어졌다.

영국에 한 발 앞서 나폴레옹 함을 선보였던 프랑스는 1859년 2,500마력의 튼튼한 증기엔진과 방호용 철갑, 그리고 163밀리미터 주함포 36문으로 무장한 최초의 철갑 증기범선 라 글루아르La Gloire 함을 공개했다. 또다시 이에 충격을 받은 영국 해군은 지체 없이 그 성능을 넘어서는 워리어Warrior 함을 만들어 냈다. 함포 크기는 더 거대해졌고, 강력한 포탑 기술과 철갑 방호 기술 그리고 엔진 기술이 개량됐다. 워리어 함이 진수된 게 1861년이니 그리 오랜 시간이 걸리지 않았다.

산업혁명 초 개인 화기 중심의 육군 무기나 대포 같은 대화기 개량은 주로 장인의 전통에 속해 있던 개인 발명가들과 개인 자본에 기대고 있었다. 프랑스 육군 장교 클로드-에티엔 미니에Claude-Étienne Minié의 후장식 라이플 발명은 군인으로서가 아닌 개인 발명가로서의 업적이었다고 할 수 있고, 혁신적인 대포를 등장시켰던 암스트롱과 베서머,

글루아르 함

워리어 함

그리고 독일인 크루프 모두 민간인이었다.

그러나 점차 이런 개인 발명 수준의 무기 개량 방식을 넘어서는 해군력 중심의 무기 산업화가 진행됐다. 산업화의 기선을 잡아 보다 유리한 고지에 있던 영국 해군은 1870년대 초 데버스테이션Devastation 함과 인플렉시블Inflexible 함, 그리고 1890년대 근대적 군함의 초기 모델인 구축함을 거치며 마침내 목선木船과 철갑선 시대가 저물었다.

이런 과정을 통해 완성된 진정한 근대적 군함의 원조는 드레드노트Dreadnought다. 영국은 1906년 드레드노트의 배치로 그간 해군 군사 기술의 발전 성과를 만천하에 알렸다. 배수량 약 1만 8,000톤급의 드레드노트는 2만 마력이 넘는 4축 터빈엔진 덕에 21노트(시간당 39킬로미터)의 기동 속도를 낼 수 있으면서도 30센티미터 내외의 초강력 장갑과 12인치 주함포 10문 등을 갖춘 당대 최고의 조함 및 해군 군사 기술의 게임 체이저이자 원양 함대의 시대를 알리는 신호탄이었다.

이런 근대적 전함이 출현하기까지 해군 무기 기술을 혁신하고 해군력을 증강하는 일은 더 이상 개인의 자본이나 우연한 발명에 의지하는 방식으로 진행할 수 없었다. 무기 개발에 엄청난 비용이 들 수밖에 없게 된 것이다. 따라서 이전과 달리 경쟁국의 군사력을 무력화하고 군사적 우위를 보장할 수 있도록 군이 스스로 새로운 무기체계의 성능을 제작자나 방산 기업에 먼저 요구하고, 대규모 국가 재정을 투입해 정부가 계획적으로 군사력을 증강하는 방식이 자리를 잡았다. 군의 소요 기획과 군사력 건설 시스템은 그렇게 체계화됐다. 또한 이 과정에

드레드노트

서 자연스럽게 정부나 군부, 그리고 군수 제작 기업 간의 긴밀한 소통 채널과 유무형의 관계가 형성되고 공고해질 수밖에 없었다. 이런 관계를 둘러싼 복잡한 과정의 산물이 바로 현대적 의미에서의 무기 산업화와 군산 복합체 원형의 출현이다.

정부(군)와 군수 산업계 사이 유무형의 결합체를 의미하는 군산 복합체는 항상 중립적으로만 사용되는 용어는 아니다. 오히려 무기 산업의 부정적인 측면을 부각하는 데 소환되는 경우가 많다. 끊임없이 신형 무기를 필요로 하는 군 수요자들의 파트너이자 공급자인 방산 기업은 대량 구매 계약을 매개로 상호 이익을 위해 공식 또는 비공식적으로 다양한 유착 관계를 형성하게 되는데, 이들이 국가 간 군비 경쟁에 편승하거나 과도한 경쟁을 부추기면서 결국 불필요하고 비효율적인 국방비 지출을 유발했다는 식의 서술이다. 그러나 군산 복합체와 군부 간의 이런 관계 자체가 부정적인 성격만을 지녔다고 볼 수는 없으며, 이 유기적 관계는 현대 군사 기술 발전 양상의 본질이자 방위 산업의 주요 특성이기도 하다.

이처럼 군산 복합체라는 용어가 부정적으로 받아들여지게 된 것은 1961년 미국 34대 대통령 드와이트 아이젠하워Dwight Eisenhower가 퇴임식에서 최초로 이 단어를 언급하면서 이에 대한 부정적 역기능을 우려했기 때문이기도 하다. 그는 군과 군수 산업계의 관계가 부적절하게 맺어지고 권력이 통제되지 못한다면 미국의 자유와 민주주의가 손상될 잠재적 가능성이 있기 때문에 그 부당한 영향력이 행사되지 않도록 식견 있고 현명한 국민들이 이를 각별히 경계해야 한다고 경고했다. 2차 세계대전과 냉전 시대를 거치면서 5성 장군이자 대통령으로서 천문학적 규모로 팽창한 미국의 국방 예산을 직접 집행했던 경험을 반추한 이 회고로 인해 군산 복합체라는 단어는 탄생 때부터 부정적인 이미지를 갖게 됐다.

19세기 영국은 산업혁명의 주역이었다. 따라서 영국 군대, 특히 해군은 군사 기술 발전과 전쟁의 산업화 과정에서도 주역으로서 그 존재를 인정받을 수 있었다. 또한 대영제국의 팽창, 그리고 그 팽창을 가능케 했던 해군력 확장, 함께 진행됐던 조함 기술, 해군 군사 기술의 발전 과정에 투영된 군수 산업 탄생의 역사는 오늘날까지 이어지는 군과 방산 기업 간의 독특한 관계의 시작이었다고 할 수 있다.

8장

군국주의 시대 죽음의 상인

무기 로비스트, 배질 자하로프

산업혁명의 영향으로 강력한 무기가 등장한 19세기 후반에는 세계 곳
곳에서 국지전이 벌어졌다. 1870년 발발한 보불 전쟁에서 프로이센은
그동안 쌓아 온 군대 개혁과 군사 공학, 무기체계의 혁신 역량을 효과
적으로 결집해 승리를 거두면서 통일 독일 제국이 유럽의 군사 강국으
로 거듭났음을 세계에 알렸다. 그 뒤 1877~1878년 러시아-튀르크 전
쟁, 1898년 미국-스페인 전쟁, 그리고 1904~1905년 러시아-일본 전
쟁 등 식민 열강을 둘러싸고 전 지구적으로 크고 작은 분쟁이 벌어지
며 인류 역사상 가장 광범위한 지역이 군사화하는 군국주의 시대가 열
렸다. 유럽을 중심으로 세계 각국은 경쟁적으로 군비 예산을 높이고
무장했으며, 이에 발맞춰 군사 기술은 혁신을 가속화하고 무기 개발
과 생산이 산업화하며 군국주의의 토대가 갖춰졌다. 그리고 이는 결

국 1차 세계대전 발발의 배경이 됐다.

전쟁에 대한 공포, 그에 따른 치열한 무기 경쟁 속에서 이윤을 얻은 이들은 앞에서 이야기한 방산 기업인들뿐만이 아니었다. 수많은 소설과 영화 속에 등장해 막후에서 세계 정세를 뒤흔들며 '죽음의 상인'이라고 불리는 무기 거래상, 무기 로비스트도 이 시기 활발하게 활동하며 존재감을 키우고 있었다. 물론 소설이나 영화 속 무기 로비스트의 모습은 극적인 효과를 위해 일부 지나치게 과장 또는 왜곡된 경향도 있지만 무기 생산의 산업화와 군비 경쟁, 군국주의 출현 과정에서 이들의 역할은 작지 않았다.

19세기 후반, 식민지 쟁탈과 패권 경쟁에 뛰어든 영국과 프랑스, 프로이센과 러시아뿐 아니라 튀르키예와 그리스 등 발칸반도 국가들도 군비 경쟁의 소용돌이에 휘말렸다. 식민 제국의 출현과 세력 불균형에 따른 갈등의 지형에서 새로운 무기체계가 등장하고 대규모 자본이 동원되는 무기 산업이 형성되면서 군비 경쟁과 확장은 멈출 수 없는 흐름이 됐다.

그 배경에는 산업혁명과 기술 발전이 자리 잡고 있지만 그게 전부는 아니었다. 이를 촉진시키기 위해 의도적으로 개입했던 배후 집단들이 있었기 때문이다. 이들이 바로 영국의 암스트롱과 비커스, 독일의 크루프, 프랑스의 슈나이더 형제 등 1세대 글로벌 방산 기업을 창업한 민간 무기 개발자들이나 제작자들, 배질 자하로프Basil Zaharoff 같은 로비스트들이었다. 그 강도나 크기를 정확히 판단하기는 어려우나 이들이 국제 정세에 미치는 영향력은 실로 상당했다.

영화보다 더 영화 같은 인생을 살았던 가장 대표적인 무기 로비스트가 자하로프다. 1965년 영국의 저널리스트 도널드 맥코믹Donald McComick이 그의 전기를 담은 책《죽음의 상인Peddler of Death》을 출간했을 만큼 오늘날까지도 그는 무기 로비스트의 전설로 회자되고 있다. 그의 생애에 관한 자세한 기록과 연구는 많지 않지만 자하로프의 개인사는 1차 세계대전을 전후한 시기의 무기 산업과 군국주의 역사의 또 다른 모습으로 읽힐 수 있다.

자하로프의 출생에 관해서는 확실히 밝혀지지 않았지만 튀르키예에서 가난한 러시아 상인의 아들로 태어나 힘든 어린 시절을 보낸 것으로 알려져 있다. 그랬던 그가 자신의 능력을 발휘하기 시작한 건 스웨덴 무기 회사 노르덴펠트 Nordenfelt의 해외 수출 에이전트로 일하기 시작하면서부터였다. 노르덴펠트는 그리스 아테네를 무대로 속사포와 잠수함 등 각종 무기를 제작하는 회사였다.

물불 가리지 않는 술책을 사용하는 최고의 협상 기술자였던 자하로프가 노르덴펠트의 잠수함

배질 자하로프(오른쪽)와 마르케나 백작 부인

을 적국 관계였던 튀르키예와 러시아에 동시에 팔았다는 일화는 유명하다. 그는 러시아-튀르크 전쟁 당시 튀르키예에 잠수함 두 대를 판 다음, 러시아에 "튀르키예는 이미 두 대의 잠수함을 샀습니다."라는 말로 자극해 총 네 대의 잠수함을 팔았다. 또한 영국과 프랑스 회사의 에이전트를 하면서도 적대 관계였던 독일의 크루프, 러시아의 프틸로프와 동시에 거래했다. 그는 지역도 가리지 않았다. 일본에까지 비커스와 암스트롱의 전함을 공급하는 등 전 세계를 무대로 활동했다. 게다가 주식을 매입하고 쪼개면서 다국적 방산 기업의 수출 지향 마케팅 기법을 거침없이 구사하기도 했다.

자하로프는 영업뿐 아니라 기업의 인수합병에도 상당한 소질이 있었다. 최초의 자동 발사 기관총을 발명한 하이럼 맥심^{Hiram Maxim}의 회

1886년 노르덴펠트의 잠수함

사와 비커스가 노르덴펠트와 합병할 당시 막후에서 작업을 한 것도 그였다. 그렇게 합병된 비커스Vickers, Sons & Maxim LTD(현재 BAE)는 당대 최대 방산 기업 암스트롱과 쌍벽을 이루게 됐다. 비커스는 1차 세계대전 직전에 이미 1,000만 파운드 자본의 거대 글로벌 기업이었고, 영국의 1913년 총 해외 수출액 750만 파운드의 5분의 1이 비커스의 실적이었다. 자하로프는 이외에도 무기 제작사 간의 수많은 인수합병을 주도하며 오늘날 방산 기업의 자본 집적과 글로벌화의 모델과 토대를 만들어 갔다.

또한 그는 유럽 대형 무기 회사들 간의 합종연횡合從連橫을 유도하고, 이탈리아와 스페인, 러시아뿐만 아니라 일본과 캐나다에까지 자회사와 합작회사를 설립해 해외 방산 거래 네트워크를 구축해 갔다. 돈과 뇌물로 매수한 현지 정보원들의 다국 간 정보 네트워크를 운영하며 거짓 정보와 언론을 동원한 여론 조작은 기본이었고, 주변 이해 관계자들을 뇌물로 길들였다. 영국과 독일, 프랑스와 러시아, 발칸반도 국가 군부와 정부에 매우 과장되거나 때로는 사실이 아닌 적대국의 군비 확장 정보를 왜곡 전달하면서 전쟁의 공포를 과대 조성하고 교묘하게 경쟁을 유도했다. 그 결과는 대체로 대규모 군비 예산의 증액과 신규 무기 개발 또는 구매 사업 발주로 이어졌다.

대형 무기체계 개발과 군비 확장 계획에는 막대한 자본이 필요했다. 그렇다 보니 수출 지원과 개발, 제작에 필요한 자금을 동원하기 위해서는 국제 금융 세력과의 유착, 밀월 관계가 자연스럽게 형성됐다.

수요에 따르는 것이 아니라 수요를 만드는 방식으로 세계 무기 시장이 자리 잡다 보니 규모는 급격히 확대됐다. 이 같은 군비 경쟁과 대규모 무기 산업의 자본 집적화는 결국 화기뿐 아니라 전함과 잠수함, 어뢰와 항공기에 이르기까지 새로운 대형 무기체계의 혁신과 등장의 배경이 되기에 충분했다.

인생 후반부에 접어들었을 무렵 자하로프는 더 이상 단순한 무기 거래상이 아니었다. 그는 1914년 프랑스 정부로부터 최고 훈장인 레지옹 도뇌르를 받고, 1918년 영국 정부로부터 대십자훈장을 받은 국제적 인사였다. 세계 각국 정치가와 군부가 최고의 군사 전문가인 그에게 군사 안보 정책을 자문하기 위해 줄을 섰다. 이렇듯 최고의 권력을 쥐기까지 그의 인생은 가히 파란만장했다.

물론 이 기간에 일어난 군국주의와 세계적인 군비 경쟁의 원인을 모두 무기 거래상이나 군수 기업들의 몫으로 돌릴 수는 없으나 이들의 활동과 영향력을 부정하기는 쉽지 않다. 인류 최대 비극의 시대에 최고 권력 집단이었던 죽음의 상인들은 오늘날 전쟁의 공포를 이용하고 조장해 군국주의와 군사화를 가속화한 악마적 존재로 외면 받고 있다. 그러나 그들은 인류 역사의 암적인 존재임과 동시에 군사 기술의 혁신과 거대 무기 산업을 탄생시킨 주역이기도 하다. 현대 무기 산업 역시 이런 야누스의 두 얼굴을 모두 지니고 있지 않을까.

9장

1차 세계대전 공포의 살상 무기

하버의 암모니아

"과학자는 평화로울 때는 세계에 속하지만,
전시에는 국가에 속한다."

1914년부터 1918년에 걸쳐 일어난 1차 세계대전은 인류가 겪은 전쟁 중 가장 짧은 기간에 가장 넓은 지역에서 가장 많은 국가가 개입해 가장 많은 사상자를 낸 첫 번째 전 지구적 전쟁이었다. 이 전쟁으로 인해 1,000만 명 가까운 병사들이 전사했고, 그보다 곱절이 넘는 수의 부상병들이 나왔으며, 그에 못지않은 규모의 민간인 사상자가 발생했다.

그동안 무기라고 하면 창과 칼, 총과 포와 같이 상대를 물리적으로 공격하는 눈에 보이는 물체만을 떠올렸지만 이 시기에는 인류 역사상 최초로 눈에 보이지 않는 대규모 화학 무기가 사용됐다. 1915년 4월 22일 벨기에 이프르에서 벌어진 2차 이프르 전투에서 처음 공개된 독가스 무기가 그것이다.

독가스 무기를 처음 고안해 낸 건 독일의 화학자 프리츠 하버Fritz

Haber였다. 하지만 그가 처음부터 무기로 사용하기 위해 독가스를 개발했던 건 아니었다.

그는 1909년 공기 중에 무한히 섞여 있는 질소로부터 고온고압과 촉매를 넣어 암모니아를 합성*하는 방법을 발견했다. 그리고 카를 보슈Carl Bosch가 이를 제품화하면서 하버-보슈Haber-Bosch 공정이 완성됐다. 암모니아를 대량 생산하게 되면서 유기 비료의 핵심 원료인 질산염(암모니아를 질산화해 만든다)

바스프 연구소에서 프리츠 하버

을 쉽고 값싸게 얻을 수 있었고, 이렇게 만들어진 획기적인 효능의 화학 비료가 농업에 사용되면서 인류의 식량난 해소에 크게 기여했다.

산업혁명 이후 가속화한 현대 물질문명 발달의 결과 중 하나는 급속한 인구 증가였다. 그렇다 보니 세계적으로 식량 부족 문제가 대두됐고, 인류는 급속히 농업 생산성을 늘려야 하는 상황에 직면했다. "인구는 기하급수적으로 증가하고, 식량은 산술급수적으로 증가한다."라는 말로 유명한 토머스 맬서스Thomas Malthus의 인구론도 이런 배경에서 출현했다. 이런 상황에서 하버가 전 지구적인 식량 부족 문제를 유기 질

* 공기 중 질소 기체 분자를 암모니아를 비롯한 질소화합물로 전환하는 이 과정을 '질소고정'이라고 한다.

소 비료로 상당 부분 해결한 것이었다. 하지만 아이러니하게도 인류를 최악의 식량난에서 구해 준 유기 질소 비료의 핵심 원료인 질산염은 동시에 화약과 폭약, 그리고 대량 살상 무기의 원료이기도 했다.

전쟁 전 이미 과학 영웅이었던 하버는 1차 세계대전 초기에 독일 군부로부터 독가스 개발 요청을 받았다. 망설일 법도 하지만 하버는 기꺼이 요청을 받아들이고, 과학 기술 부대 장교로 근무하며 인간에 치명적인 해를 끼치는 독가스 합성 연구에 밤낮으로 매진했다. 그리고 마침내 염소 가스와 겨자 가스 등의 독가스 제조법을 개발하는 데 성공했다. 여기서 더 나아가 그는 자신이 만든 무기를 사용하는 화학전의 작전 교리까지도 개발했는데 이프르 전투에서 염소 가스 살포 방식을 독일군에 알려 주고 현장 작전을 진두지휘했던 것도 하버 자신이었다. 무기의 과학적 특성을 가장 잘 아는 개발자가 직접 무기에 적합한 작전 개념을 구상하고 교리까지 만들어 지휘한 것이었다.

기록에 의하면 당시 6,000개의 실린더에 담겼던 168톤의 염소 가스가 단 몇 분 만에 참호 속에 있던 5,000명이 넘는 병사들에게 가장 고통스러운 죽음을 선사했고, 전장을 충격과 공포로 몰아넣기 시작했다고 한다.

1차 세계대전 중에는 염소 가스에 이어 그 이상으로 독한 포스겐(염화카르보닐의 관용명), 그리고 겨자 가스가 차례로 등장했고 독일에 대항하는 연합군 역시 독가스로 대응하기 시작했다. 이 기간에만 총 13만톤의 독가스가 살포되면서 10만여 명의 병사들이 죽고 100만 명 이상이 가스에 중독됐던 것으로 추정된다. 1차 세계대전의 전체 사상자 규모에 비해 독가스 사상자 규모는 그리 크다고 볼 수는 없다. 하지만 가장 고통스럽고 치명적인 피해를 줄 수 있다는 점에서 독가스는 어떤 무기보다도 추악하고 잔인한 대량 살상 무기의 대명사가 됐다.

식량난을 해결한 인류의 구원자이자 독가스를 만든 인류의 살상자로 평가받는 하버의 이중적 업적과 면모는 개인의 특출함과 천재성에만 기인했다고 보기는 어렵다. 하버가 과학사에 남는 업적을 이룰 수 있던 건 그가 세계 최고의 과학, 특히 첨단 화학의 중심지였던 독일에서 공부하고 연구하던 화학자였기 때문에 가능했던 일이었다.

앞서 이야기했듯 1840년대 독일 대학에서는 교수들이 강의뿐 아니

1915년 2차 이프르 전투

라 전문적인 과학 연구 업적을 통해 평가받을 수 있도록 안정된 학술 환경을 제공하기 시작했다. 대표적인 예가 화학자 리비히의 실험실이다. 여기서는 특히 유기화학 연구가 활발히 진행됐다. 아스피린을 개발한 독일 화학자 펠릭스 호프만Felix Hoffmann, 아닐린 계열의 인공 화학 염료를 개발한 영국 화학자 윌리엄 퍼킨William Perkin과 체임버스 니컬슨Chambers Nicholson 등은 이 연구소에서 배출한 대표적인 화학자들이다. 이들 외에도 리비히의 제자들은 대학의 화학 교수로 후학을 육성하는 일뿐 아니라 기업 연구소를 세워 연구 개발 모델을 만들고 토대를 구축하는 일에 매진했다. 획스트Hoechst AG, 바스프BASF, 아그파Agfa 등의 독일 화학 염료 회사들은 이런 노력의 결실이었다. 이들은 글로벌 화학 기업으로 성장하며 세계의 염료 산업을 지배했다. 이처럼 1870년대부터 본격화한 2차 산업혁명의 핵심 분야였던 유기화학 합성 연구로 독일은 20세기 전후 화학 이론의 중심지이자 화학 공업의 세계 공장이 됐다.

하버는 이 시기 세계 최고 수준의 베를린 빌헬름 대학교(베를린 대학교의 변경된 교명, 현재 베를린 훔볼트 대학교)에서 화학 학위를 받고 화학자의 길을 걸었다. 그리고 바스프의 암모니아 공장에서 근무하던 세계적인 독일 전자 기업 보슈BOSCH 창립자의 조카인 보슈를 만나 하버-보슈 공정을 고안했다. 그리고 이후에는 암모니아 합성의 공로를 인정받아 카이저 빌헬름 연구소에서 소장으로 근무했다. 이 연구소에서는 아인슈타인과 막스 플랑크 같은 과학자로부터 현대 물리학의 최고 업적이 나오기도 했고, 독가스와 같은 대량 살상 무기도 개발됐다.

하버의 독가스는 그동안의 재래 무기와 다른 새로운 차원의 무기였다. 또한 과학자들이 국가와 군부의 요청에 의해 자신의 과학적 방법과 지식을 직접 적용하고 활용해 무기를 개발하는 방식으로 과학이 전쟁에 본격적으로 개입하는 새로운 시대를 알리는 초유의 사건이었다.

하버가 그랬듯 과학자는 인류의 영웅이 될 수도 있고, 수천만 명의 목숨을 뺏는 전범이 될 수도 있다. 인류를 구원할 수도, 파멸시킬 수도 있는 것이다. 암모니아 합성의 공로로 1918년 노벨화학상을 받은 하버는 "과학자는 평화로울 때는 세계에 속하지만, 전시에는 국가에 속한다."라는 말을 남겼다. 한 과학자의 항변으로만 받아들이기에는 무거운 말이 아닐 수 없다.

10장

총기 대량 생산 시대

개틀링의 기관총과 휘트니의 조면기

"한 명이 백 명처럼
싸울 수 있게 하고 싶었어."

1차 세계대전 당시 병사들의 목숨을 가장 많이 앗아간 살상 무기는 무엇일까? 앞 장에서 이야기한 하버의 독가스는 소리 없이 강한 무기이긴 했지만 그리 많이 사용되지는 않았다. 전장에서 가장 많이 사용된 무기는 역시 대포와 소화기류다. 소화기류 중에서도 기관총은 꽤 가성비 좋은 인류 최초의 대량 살상 무기였다. 정확한 통계를 내기는 어렵지만 대체로 1차 세계대전 당시 전체 사상자의 20~40퍼센트 정도가 기관총에 의해 죽거나 다친 것으로 알려져 있다.

산업혁명을 거치며 수많은 산업들이 대량 생산 시스템을 갖췄듯 기관총은 한 번에 수백 발의 총알을 발사할 수 있는 무기다. 이 무서울만큼 강력한 무기를 개발한 건 미국의 의사이자 발명가였던 리처드 개틀링Richard Gatling이다. 어떻게 사람을 살려야 하는 의사가 분당 200발을 연사해 사람을 죽이는 무기를 개발하게 된 걸까? 여기에는 특별한 이유가 있다.

개틀링의 기관총이 첫 선을 보인 곳은 1861~1865년 노예제 폐지를 두고 벌어진 미국의 남북 전쟁 때였다. 개전 초, 수많은 병사들이 재래식 총격전의 부상으로 죽어 가는 모습을 참담하게 지켜보던 개틀링은 대규모 군대가 동원될 필요 없이 소수의 병사로도 압도적 우위를 점해 초전에 적의 전쟁 의지를 꺾을 수 있는 방법을 고민하던 중 씨앗 파종기에서 힌트를 얻어 첫 수동식 기관총을 개발하고 특허를 출원했다. 그리고 이 기관총은 남북 전쟁 말기에 처음 전장에 등장했다. 지인에게 보내는 편지에서 개틀링은 "한 명이 백 명처럼 싸울 수 있게 하고 싶었어."라고 기관총 발명의 이유를 회고했다. 병사들의 고통스러운 부상 위험 자체를 줄이기 위해 대량 살상용 총을 만든 셈이니 참으로 아이러니하다. 그가 그렇게 순수한 의도로 만든 기관총은 오히려 이전보다 훨씬 더 기하급수적으로 많은 사상자를 낳았다.

개틀링의 수동식 기관총 등장 이후 미국과 유럽의 여러 발명가들은 이를 개량하며 기관총의 발전을 이어갔다. 결정적 진보는 미국의 무기 사업자이자 발명가인 맥심을 통해 일어

1865년 리처드 개틀링의 기관총

났다. 그는 단열 총열의 자동 제어와 자동 연사 모델을 고안해 냈고, 여기에 무연 화약을 결합해 이전에 없던 새로운 무기를 탄생시켰다. 이후 맥심은 미국보다 큰 유럽의 군수 시장을 겨냥하며 영국으로 귀화했고 자신의 회사를 비커스에 합병시키기에 이르렀다. 이런 맥심의 결정은 탁월했다. 짧은 시간에 유럽 강대국들의 군대가 이 회사의 열성 고객이 됐기 때문이다.

1차 세계대전의 발발은 가성비 최고의 대량 살상 무기인 기관총이 대량 생산될 수 있는 완벽한 조건을 만들어 줬다. 물론 기관총은 이전부터 아프리카 식민지를 쟁탈하려는 유럽인들에게 인기가 좋았다. 전투원들의 고통을 줄여 주고 싶다는 인류애와 도덕적인 믿음에서 탄생한 기관총이 결국 아프리카 식민지의 원주민을 공격하고 살상하는 데 사용된 셈이다. 원주민들을 인간으로 간주하지 않았던 제국주의 분위기 속에서는 아군의 피해를 줄이는 것만으로도 엄청난 효과라고 생각했는지도 모르겠다.

굵직한 총기 개발의 역사는 유럽에서 시작됐지만 획기적인 발전에서만큼은 미국을 빼놓을 수 없다. 앞서 언급한 개틀링뿐 아니라 남북전쟁을 전후로 한 시기에 미국의 산업혁명을 배경으로 수많은 기술자들이 등장해 이름을 날렸다. 새뮤얼 콜트^{Samuel Colt}가 설립한 회사 콜트^{Colt}(현재 콜트 파이어암스)의 리볼버* 권총은 서부 개척사의 중요한 아

---

* 권총의 한 종류로, 중앙에 총알이 담긴 실린더가 있어 발사할 때마다 실린더가 회전하며 총알이 공급된다.

이콘이었으며, 미국 육군에 납품
을 시작하면서 오늘날까지 불멸
의 기록을 이어 오고 있다. 혁신
적인 개발은 주로 미국 발명가들
의 몫이었고, 유럽은 이를 계속해
서 개량해 발전시켰다.

콜트의 리볼버 권총

개틀링, 콜트와 같은 몇몇 혁신
적인 발명가들의 역할도 있었지만 미국이 주도한 총기 개발 시장에는
그보다 더 중대한 변화가 있었다. 산업혁명의 후발 주자였던 미국이
근현대 산업 전반에 걸쳐 성공할 수 있었던 이유이기도 한데 흔히 '미
국식 시스템'이라고도 불리는 대량 생산 시스템을 도입하기 시작한 것
이었다. 과학 기술의 발전이 뒷받침된 현대 물질문명과 자본주의 체
제가 자리 잡는 데 가장 중요한 기여를 했던 이 시스템은 18세기 말 면
방직 공업화와 산업화 과정에서 출발했다.

여기에 가장 큰 기여를 한 사람은 미국의 공학자이자 발명가 엘리
휘트니Eli Whitney다. 휘트니는 이전까지 주로 노예에 의존하던 목화씨
제거를 기계적으로 해결해 주는 재래식 조면기를 개량해 1793년 특허
를 취득했다. 단순한 구조의 이 조면기는 약 1,500배 가까이 생산성을
향상시키며 면방직 산업 분야를 완전히 뒤바꿔 놓았다. 휘트니가 오
늘날까지도 근대 '대량 생산과 표준화의 아버지'로 불리는 이유다. 이
런 변화는 나아가 미국 농경제와 농산업 분야의 규모와 틀을 바꾸는

데도 크게 영향을 줬는데, 5퍼센트 남짓했던 미국 면화 생산량의 세계 점유율을 혁신적으로 끌어올림으로써 1860년대에는 70퍼센트에 다 다르게 했다. 그렇게 미국은 면화 생산량 세계 1위로 올라섰다.

하지만 창작은 힘들어도 모방은 쉬운 법이라고 했던가. 휘트니가 단순화시켜 만든 이 조면기는 단순화한 만큼 따라 만들기도 쉬웠다. 그렇다 보니 복제품들은 넘쳐났고, 특허 로열티나 성공 보수를 제대로 회수하기는 어려웠다. 사정이 어려워지자 그는 무기 제작으로 눈을 돌렸다. 그리고 조면기를 개량하면서 얻은 부품 단순화와 표준화 경험을 바탕으로 소총을 제작하기로 했다. 독립 전쟁과 서부 개척 시대를 거치면서 소총은 미국인의 일상품으로 자리 잡아 가고 있었다.

엘리 휘트니의 조면기

미군과의 첫 계약은 납품 일정이 제법 빠듯했다. 하지만 휘트니는 부품 수를 줄이고 표준화하면서 호환성을 높였기 때문에 납기일까지 문제없다고 호기롭게 계약서에 사인을 했고 그 약속은 정말 지켜졌다. 그러자 미군은 계속해서 대량 발주를 이어갔다. 쏟아지는 주문은 고마운 일이었지만 주문이 끝도 없이 이어지니 휘트니도 힘에 부치기 시작했다. 그래서 그는 또 한번 혁신을 이루는데 그렇게 개발된 발명품이 밀링머신milling machine이다. 테이블에 고정시킨 가공물을 필요한 모양으로 자를 수 있게 한 이 기계를 사용하면 단시간에 동일한 형태의 부품을 제작할 수 있었다. 이를 소총 제작에 적용하자 작업 속도는 자연히 크게 향상됐다.

휘트니의 이런 생산 방식은 1820~1830년대 미군의 스프링필드 조병창과 민간 총기 제작 업자를 중심으로 미국식 생산 시스템으로 자리 잡아 갔다. 이렇게 만들어진 미국식 시스템에서 생산된 총기는 미대륙을 넘어 1851년 런던 만국박람회에서 선을 보이면서 급속히 유럽 대륙으로 확산됐다.

앞에서 말한 콜트도 이런 미국식 시스템을 톡톡히 활용해 성공한 이들 중 하나였다. 초기에 미국에서 큰 성공을 거두지 못하고 런던으로 이주한 콜트는 부품의 표준성과 호환성을 확보한 권총으로 영국 특허를 취득하면서 규격화하고 단순화한 조립 라인과 공정으로 총기의 생산량을 높였고, 이것이 성공의 열쇠가 됐다.

이처럼 당시 총기 개발과 소비의 주 시장이었던 유럽에서가 아닌 미

1827년 휘트니 총 공장의 풍경

국에서 주로 제조와 생산의 혁신이 일어난 건 신생국 미국 고유의 만성적인 노동력 부족과 남북의 공업화 격차를 극복하기 위한 노력 때문이었다.

몇 대의 걸친 가내 수공업 장인과 그들의 조합인 길드에 의해 독과점으로 물품이 개발, 생산되던 유럽에서는 가성비도 중요치 않았고 혁신 동력도 부족했다. 반면 미국은 유럽처럼 물품을 만들 수 있는 숙련된 장인 수공업자들이 턱없이 부족해 노예 등 미숙련 노동력에 기댈 수밖에 없었다. 이를 타개하기 위한 방안으로 미국이 찾은 것이 기계와 공정의 혁신이었다. 부품의 표준화와 호환성 확보, 조립 공정의 단순화로 가성비 높은 대량 생산이 가능해졌고, 이런 미국식 생산 시스템이 공업과 산업 분야에서 전 세계의 표준이 되어 갔다.

면방직과 무기 분야에서 본격화한 휘트니의 방식은 다양한 산업으로 확산과 발전을 거듭했다. 이는 1900년대 초 역사상 최초의 대중 자동차가 된 포드Ford의 모델 T 컨베이어벨트 생산 시스템으로 이어졌고, 이로써 완전한 현대식 대량 생산 시스템이 완성됐다. 동시에 이 기간을 거치며 근대 무기 산업의 주요 무대가 서서히 유럽 대륙을 넘어 북미 대륙으로 이전될 조짐을 보이고 있었다.

11장

우연히 일어나는 전쟁은 없다

포드의 장갑차

> "노동 작업의 모든 요소는 경험에 의존하기보다
> 과학적으로 판단할 것."

근대와 현대가 교차하는 시기에 미국식 생산 시스템으로 인해 산업 현장은 비숙련 노동력을 대거 투입해도 품질에는 전혀 영향을 주지 않을 정도의 비약적인 발전을 이뤘다. 단순화·효율화한 생산 라인에는 숙련 장인들 대신 노동자들로 대체돼 단순 노동을 했고, 그에 맞는 임금을 받았다. 이런 공장형 생산 방식은 현대적인 대량 생산, 대량 소비의 자본주의 산업화를 완성시키는 치트키였다. 그야말로 놀라운 속도로 전 세계의 수많은 '공방'이 '공장'으로 탈바꿈했다.

이 시스템이 정착하는 데 가장 큰 공을 세운 사람은 미국의 기계공학자 프레더릭 테일러Frederick Taylor다. 공장의 관리직으로 일하고 있던 테일러는 생산 라인에서 일하는 노동자들을 지켜보면서 왜 업무 숙련도가 높아져도 생산 속도가 나지 않는지에 대해 의문을 갖게 됐다. 그 이유는 하나였다. 대부분의 사람들이 최대한 적게 일하려 하기 때문이었다. 하지만 생산성이 향상돼야 노동자들의 이익도 높일 수 있다고 판단한 테일러는 태업과 비효율을 없애기 위해 노동자의 작업을 기본 동작으로 분해한 뒤 생산과 무관한 일상적 행동을 모두 제거하도록 했다. 또한 스톱워치로 측정 가능한 초 단위로 생산에 필요한 최소 동작과 공정을 표준화해 노동자가 해야 하는 과업을 하나의 공정으로 만들었다. 노동에 객관적 수치를 도입해 과학적으로 접근하면 생산성을 높일 수 있다고 생각한 것이었다. 이를 '과학적 관리론', '테일러주의Taylorism'라고 한다. 여기에는 몇 가지 원칙이 있는데 그중 첫 번째가 "노동 작업의 모든 요소는 경험에 의존하기보다 과학적으로 판단할 것."이었다.

프레더릭 테일러   1905년 테일러주의를 적용한 회사 타보르의 기계공

테일러의 현대적 생산과 경영 기법은 미국의 기업가들과 자본가들의 열렬한 환영을 받았다. 그뿐 아니라 극도의 효율성 우선주의가 인류의 물질 생산력을 고도로 높여 이상적인 사회를 구현할 수 있다는 가능성 때문에 소련과 사회주의 국가들에도 수출돼 큰 영향을 미쳤다. 인간과 노동에 관해 극단적으로 다른 관점을 취하던 자본주의와 사회주의 모두 테일러의 노동 통제의 과학적 기법에 각기 다른 이유로 찬사를 보냈던 것이다.

테일러가 미국식 시스템 정착을 위한 포문을 열었다면 이를 완성시킨 건 전설의 자동차 왕 헨리 포드Henry Ford였다. 엔지니어였던 포드는 1903년 미국의 자동차 회사 포드를 창립하고 자동차 생산 라인에 테일러주의를 적용했다. 다만 여기서 그친 것이 아니라 세계 최대 규모로 성장 중이던 미국의 도축업과 밀 산업(제분업) 현장을 견학하던 중 얻은 새로운 아이디어를 자동차 생산 라인에 융합했다.

당시 미국은 서부 개척 시대를 맞이해 머나먼 개척지까지 식량을 공급해야 했다. 이런 요구에 따라 엄청난 양의 육류를 단시간 내 도축, 가공하는 육류 산업이 급성장하고 있었다. 도축 공장을 방문한 포드는 깜짝 놀랐다. 당시 도축과 육류 공장에서는 도축된 소나 돼지를 컨베이어 벨트 시스템에 달아 벨트가 움직이면 단계별로 각 담당자가 자신이 맡은 부위의 고기를 해체하는 방식으로 일하고 있었기 때문이었다. 해체의 전 과정을 숙련된 도축 장인 한 사람이 담당하던 이전의 방식과 달리 반복되는 단순 노동으로 노동력은 절감하고 물량과 효율성은 증대되는 효과적인 방법이었다. 미국의 제분 공장 역시 이와 동일한 방식의 컨베이어 벨트 시스템을 도입해 생산량을 늘렸다.

포드는 우선 도축 공장의 방식을 가장 최적화해 생산 라인을 구성했다. 도축 공장은 컨베이어 벨트가 움직일 때마다 하나의 고기가 해체되는 방식이었다면 포드의 공장에서는 움직일 때마다 자동차가 조립되는 방식이었다. 그렇게 단순화·표준화한 자동차 부품을 각자 하나씩 조립하며 자동차를 완성시키는 컨베이어 벨트의 어셈블리 라인 assembly line을 체계화했다. 동시에 각 부품 조립 구간에 노동자를 배치해 작업을 최대한 단순화·최적화·표준화했다. 컨베이어 벨트가 돌아가는 동안 모든 노동자는 이동하지 않고 제자리에 서서 단순하고 반

포드의 어셈블리 라인에서 일하는 노동자들

복적으로 동일한 작업만 하면 됐고, 혹시 자리에 배치돼 있던 사람이 갑자기 아프거나 일을 그만두더라도 바로 다른 사람을 투입하면 제품 생산에는 아무 문제가 없었다. 이런 생산 방식을 그의 이름을 따서 포드주의Fordism라고 한다. 포드주의를 통해 대량 생산, 대량 소비 시스템이 현대 사회에 스며들게 됐다.

포드주의를 적용하자 고도로 숙련된 장인들이 종일 모든 부품을 만들고 끼워 넣어 자동차를 완성했던 이전과는 비교할 수 없을 만큼 효율성과 생산량이 향상됐다. 귀족의 사치품이었던 자동차는 포드에 의해 처음으로 대량 생산됐고, 그에 따라 가격을 파격적으로 낮추는 방식으로 경쟁력을 확보했다. 1908년 이 방식을 도입해 생산된 최초의 자동차 모델 T는 결국 자동차 산업을 평정했다.

1차 세계대전 직전인 1913년 포드 공장에서는 1만 3,000여 명의 노동자들이 500~600여 대의 기계들과 함께 컨베이어 벨트 조립 라인에 배치돼 1시간 40분 만에 자동차 한 대를 조립, 1년에 약 25만 대의 자동차를 생산할 정도가 됐다. 경쟁사 대부분이 연간 생산량 4,000대를 넘지 못하던 시대에 이는 상상을 초월하는 수준이었다.

이어서 포드는 쏟아지는 물량을 소화할 또 하나의 조치를 취함으로써 현대 산업화의 마지막 단계를 완성했다. 1914년부터 시행된 이 특단의 조치는 노동자들의 임금을 시간당 5달러, 즉 기존의 두 배 이상으로 파격 인상하는 것이었다. 이 조치로 얻을 수 있는 효과는 두 가지였다. 하나는 노동자에게 노동에 관한 동기부여를 함으로써 생산성을

1912년 모델 T를 타고 가는 사람들

높이는 것이었고, 다른 하나는 생산량이 높아짐에 따라 쏟아지는 자동차 물량을 소화할 '시장'을 형성하는 것이었다. 또한 그는 생산량을 높이기 위해 노동자의 거주지 시설을 조성하고 생활 방식도 통제하기 시작했다. 임금이 오르면서 구매력이 높아진 노동자들은 기존의 30퍼센트 이하로 저렴해진 자동차의 생산자이면서 소비자가 됐다. 포드주의가 산업 전반으로 확산되자 노동자는 더 이상 노동만 하는 계층이 아니었다. 그들은 대량 생산된 공산품을 대량 구매해 소비할 수 있는 중산층으로 변모했다.

일상품만 대량 생산된 건 아니었다. 포드주의는 군수 공장에까지 흘러들었고, 무기와 군수품도 대량 생산 시대를 맞았다. 기존에는 소화기들 중심으로 대량 생산이 이뤄졌다면, 이때부터는 자동차의 산업화·공업화가 고도화하고, 내연기관이 발전을 거듭하면서 글로벌 군수 기업들은 군용차와 장갑차, 전차 등 기동전 무기체계를 대량 생산할 여건을 갖춰 나갔다.

1944년 정찰 중인 포드 M8

이 시기 포드에서도 자체적으로 군용차를 제작했다. 포드가 개발한 험지용 사륜구동 트럭은 1차 세계대전 중 영국과 프랑스로 수출되기도 했다. 모델 T 또한 유럽 전장으로 2만 대 가까이 수출돼 군용차로 사용됐다. 이에 훨씬 앞선 1903년 벤츠의 모회사인 독일의 다임러 Daimler AG가 사륜구동 군용 장갑차를 개발했지만 독일에서 군용차로 더 많이 사용된 건 모델 T였다.

20세기에 오면서 유럽과 미국의 수많은 자동차·기계 회사들이 군수품을 대량 생산하는 군수 기업으로 전환했다. 1, 2차 세계대전 속에서 쏟아지는 군수품 수요에 부응하고, 그 속에서 이윤을 얻기 위함이었을 것이다. 이런 기업들은 휘트니로부터 시작해 테일러와 포드에 의해 완성된 미국식 시스템의 유산을 직간접적으로 물려받았고, 군수산업은 막대한 물량도 충분히 소화할 수 있을 정도로 성장 가도를 달렸다. 이 모든 게 우연에 의해 만들어진 기회였을까?

1차 세계대전은 군용차와 기동 무기체계뿐 아니라 전투기나 함선 등 해양 무기체계들까지 본격적으로 대량 생산 가능한 산업화 시기에 맞춰 발발했다. 이를 우연이라고 보는 학자들은 거의 없다. 즉, 대량 생산 시스템으로 생산되는 대규모 무기들을 대규모로 소비할 수 있는 방식이 전쟁이었고, 이 현대 산업화의 산물이 세계대전 발발의 보이지 않는 압력과 요인이 됐다고 전문가들은 말한다.

찰리 채플린의 영화 〈모던 타임스〉에는 기계에 종속된 채 노동하는 인간이 희화화해 등장한다. 포드 자동차 공장과 같은 대량 생산 시스템은 이 영화를 통해 대중에게 더 잘 알려지게 됐다. 테일러주의와 포드주의는 노동을 효율화해 생산성을 증대시켰고, 이에 따라 노동자의 임금과 구매력도 향상되면서 인류 복지에 기여했다. 하지만 그와 동시에 인간과 노동을 자본과 규격화된 공산품 수준으로 전락시켰다는 인본주의자들의 비판까지 피해 갈 수는 없었다. 자본가와 경영자가 생산 공장을 통해 노동 계급을 지배하고, 인간을 기계에 종속시켜 비인간적 노동으로 만들었다는 이런 비판에도 불구하고 테일러주의와 포드주의는 현대를 현대답게 만들어 준 가장 중요한 시스템이다.

12장

빠른 군납을 위해 모든 것을 동일하게

셀러스의 표준 나사

"우리만의 표준 나사가
필요합니다."

미국식 시스템을 활용한 대량 생산 체제는 다양한 산업 분야로, 또한 미국을 넘어 전 세계로 빠르게 뻗어 나갔다. 이런 변화의 토대는 '표준화'에서 비롯됐다. 여기서 표준화란 품질, 성분, 치수 등에 있어서 하나의 표준을 정함으로써 오류가 발생할 여지를 가능한 한 줄이는 것을 말한다.

생산 분야에서 표준화는 크게 세 가지가 동시에 이루어졌을 때에야 비로소 효과를 발휘할 수 있다. 하나는 생산 공정의 표준화다. 포드 공장의 컨베이어 벨트 작업 라인 시스템은 테일러의 과학적 관리론을 기반으로 분업의 효율성을 극대화한 생산 공정의 표준화였다. 하지만 생산 공정을 표준화했더라도 조립되는 각 부품을 표준화하지 않으면 효과를 볼 수 없다. 부품마다 모양에 차이가 생기면 라인에는 매번 문제가 발생할 수밖에 없고, 결국 생산성은 떨어지게 된다. 따라서 부품을 표준화해야 한다. 표준화한 부품을 만들려면 어떻게 해야 할까. 필요한 부품의 길이나 무게 등의 단위, 즉 도량형을 표준화해야 한다. 정리하면 같은 도량형 기준이 적용된 동일한 부품을 활용하는 생산 라인에서 가장 효율적이라고 정의된 방식대로 작업했을 때 생산성을 최대치로 끌어올릴 수 있다.

20세기 초 미국 산업계에서는 이미 대부분의 부품을 자국 내에서 공급받고 있었다. 방직 산업에서 만성적인 노동력 부족을 극복하기 위해 부품을 단순화해 호환 가능하도록 만든 조면기로 면직을 대량 생산하던 원리를 소화기 제작에 적용하면서 가능해진 일이었다. 이런 작은 시작은 이후 미국에서 표준 나사의 규격이 제정되는 계기를 마련했다.

산업 표준의 시작은 모든 기계의 필수 부품인 나사의 규격화였다. 미국의 작업장에서는 대부분 1841년 영국에서 만들어진 휘트워스 식 나사 규격을 채택하고 있었다. 1848년부터 펜실베이니아 주 필라델피아에서 공장을 운영하고 있던 윌리엄 셀러스William Sellers는 남북 전쟁 중 미군에 납품해야 할 기계류와 군수품이 급증하는 상황에서 나사산*이 동일하지 않은 휘트워스 식 나사는 대량 생산에 효율적이지 않다고 판단했다. 그래서 동료들과 함께 휘트워스 식 나사를 개량해 나사산

---

* 나사의 솟아 나온 부분이다.

을 동일하게 만들었고 나사의 호환성을 높일 수 있었다. 그는 이 나사를 미국의 표준으로 만들어 필라델피아 전 지역에 판매하고 싶었다. 필라델피아는 셀러스의 근거지이기도 했지만 미국 기계 산업의 중심지였다.

먼저 해군을 찾아간 셀러스는 "우리만의 표준 나사가 필요합니다." 라며 호소했다. 필라델피아에 산재한 기계 공장들에서 영국식보다 성능이 좋은 자신들의 미국식 나사 규격을 받아들이면 적은 노동력으로도 상호 호환되는 나사로 쉽게 생산, 공급할 수 있고, 또한 영국식 나

1900년 펜실베이니아 주 셀러스 회사 전경

사 없이도 군수품 생산과 보급이 더 원활해질 거라고 애국심을 강조해 가며 설득했다. 이 설득은 결국 통했다.

하지만 셀러스는 여기서 멈추지 않았다. 다음으로 펜실베이니아 철도 회사를 찾아가 해군의 표준 규격 승인과 납품 실적을 보여 주며 적극 홍보한 결과, 철도 회사도 셀러스 식 표준 나사를 채택했다. 오늘날도 그렇지만 당시 군대 납품 실적은 민간 기업이나 상업 시장에서 새로운 납품처를 개척하는 데 품질 보증 수표 같은 것이었다. 그렇게 그는 펜실베이니아 철도 회사에 증기기관차를 납품하던 회사 볼드윈 Baldwin에 나사를 납품할 수 있게 됐다. 더불어 철도 회사에 레일을 납

1918년 미드베일 철강 회사

품하던 미드베일 철강Midvale Steel 쪽과도 손을 잡게 되는데 이 회사는 그때 이미 셀러스가 대량 지분을 가진 합작 회사였다. 이런 방식으로 결국 미 군부가 처음 승인했던 표준 나사 규격은 미국의 국가 산업 표준으로 자리 잡아 갔다.

2차 산업혁명이 무르익어 갈수록 나사와 같은 기계 부품뿐만 아니라 부품 소재 분야에서도 산업 표준이 확대됐다. 당시 철도 회사에 납품되는 강철 소재인 강재鋼材 성분이 일정하지 않아 레일 파손 사고와 탈선 사고가 빈발했다. 이에 따라 사고를 예방하기 위해 납품되는 강재와 윤활유, 페인트까지로 국가가 고지하는 산업 제품의 규격화 목록은 계속해서 늘어 가고 있었다.

그 무렵인 1904년 미국 메릴랜드 주의 볼티모어에서 발생한 대형 화재는 산업 현장에서뿐 아니라 전 국민들에게 표준화의 중요성을 각인시키는 계기가 됐다. 당시 주로 목재로 된 건물을 덮친 불길은 걷잡을 수 없을 만큼 빠른 속도로 번져 갔다. 워낙 큰 화재이다 보니 불길 진압을 돕기 위해 볼티모어 외의 다른 지역에서까지 소방차들이 급파됐는데 다른 지역에서 온 소방차 호스 입구가 볼티모어 도로의 수전 입구와 맞지 않아 화재 진압에 큰 장애가 됐다. 호스도, 수전도 있었지만 규격이 서로 달라 정작 어떤 것도 사용하지 못하고 번지는 불길을 지켜만 봐야 하는 상황이 벌어졌던 것이다. 이를 계기로 공업 제품뿐 아니라 모든 장치와 시설에 대한 국가 표준 규격의 통일이 미국 내 국가적 이슈가 됐다.

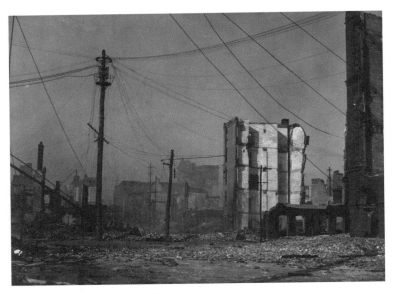
1904년 화재로 폐허가 된 볼티모어

　1차 세계대전의 발발은 국가 표준의 확대 추세를 더욱 가속화시켰다. 대대적인 전쟁 물자가 필요해지면서 군수품의 원활한 생산과 공급이 요구됐다. 그렇게 1918년 미국 재료검사 협회와 엔지니어 협회가 전쟁부·해군부·상무부와 함께 미국 공학 표준위원회를 결성했고, 이를 통해 민간과 정부가 서로 협의하는 방식으로 국가적 차원의 표준화 논의가 본격적으로 시작됐다. 1차 세계대전 중에 발생한 이러한 논의는 한 나라의 산업 표준화에만 영향을 미친 것이 아니었다. 전쟁 중 동맹국과 참전국들은 서로 무기와 군수품을 주고받곤 했는데 전장에서 정비 또는 수리를 하는 과정에서 부품의 호환 문제가 빈발하면서 국가별 산업 표준의 차이, 그리고 나아가 국제 표준의 중요성에 대해 여러 나라가 인식하게 됐다.

하지만 국제 표준 문제를 해결하는 일은 그리 쉽지만은 않았다. 2차 세계대전 직후인 1946년 국제 산업과 공업 표준의 중요성이 더욱 절실해지면서 현재의 국제 표준 기구International Organization for Standards, ISO가 설립됐고, 비로소 현대적인 국제 표준화가 틀을 갖추게 됐다. 그럼에도 불구하고 오늘날까지도 이 문제가 완전히 해결되지는 못했다.

13장

엘리트 군인 만들기

세이어의 웨스트포인트

"생도는 거짓말을 하거나, 속이거나, 훔치거나,
그런 행위를 하는 사람을 용납하지 않습니다."

미국은 산업혁명과 1차 세계대전을 거치며 세계 무대에서 급부상했
고, 결국에는 누구나 인정하지 않을 수 없는 초강대국이 됐다. 특히 국
방력에 있어서는 미국을 빼놓고 말할 수 없다. 하지만 처음부터 그랬
던 건 아니다. 미국이 처음 군대의 체계를 제대로 세우기 시작한 건
1861~1865년 남북 전쟁을 겪으면서부터이니 유럽의 역사에 비하면
그리 오래지 않았다. 하지만 유럽이 그랬듯 미국에도 탄탄한 국방력
을 갖추기 위한 준비는 그 이전부터 있어 왔다.

1775~1783년 미국은 영국으로부터의 독립을 꿈꾸며 치열한 전투
를 벌이고 있었다. 1장에서 언급했듯 이를 먼발치에서 지켜보고 있던
프랑스는 미국을 지원하면 영국에 타격을 주고, 프랑스 혁명 정신을
세계에 전파할 수 있는 좋은 기회가 되리라고 판단했다. 이에 미국에

막대한 자금을 지원하고 군사 자문단까지 파견했다. 그중에서도 미국에 파견된 스물네 명의 프랑스 공병 장교단은 미국 독립 전쟁 중 도로와 교량, 요새를 건설하는 미 대륙군의 공병단 훈련과 자문을 담당했고, 이들의 도움은 미 대륙군의 체계와 기술적 토대를 만드는 데 결정적 역할을 했다. 독립 전쟁을 통해 공병의 중요성과 필요성을 깨닫게 된 미국은 프랑스 군대를 모델로 삼아 뉴욕 웨스트포인트 요새에 공병단을 건설해 운영을 시작했다. 1794년 미국 공병단과 포병단의 정식 출범은 프랑스 군대의 영향과 도움이 있었기에 가능했던 결과다.

잘 유지되던 공병단은 1802년 따로 독립해 나와 공병 기술 장교와 토목 기술자의 지속적인 양성을 위한 아카데미를 열었다. 그렇게 설립된 게 오늘날까지도 미국 최고의 엘리트 장교와 인재 들을 배출하고 있는 육군 사관 학교 웨스트포인트다. 당시 웨스트포인트는 미국 최초의 군사 학교이자 민간과 군을 합쳐 최초의 공과 학교였다. 물론 초기에는 프랑스 군사 자문단의 직접적인 지도 아래 프랑스 군대를 모델로 운영됐다. 또한 1817년부터 무려 15년간 웨스트포인트의 교육감으로 근무하며 이곳의 초기 교육 과정과 전통을 수립해 '웨스트포인트의 아버지'라고도 불리는 실바누스 세이어Sylvanus Thayer 역시 프랑스의 에콜 폴리테크니크에서 유학했기 때문에 프랑스의 영향에서 벗어나기는 힘들었다. 세이어가 이야기한 웨스트포인트의 교육 목표는 명예와 책임의 가치, 정신적 · 육체적 규율을 강조하는 군 지휘관의 자질을 기르는 것이었다. 그 때문인지 웨스트포인트의 생도 명예 규정에는 "생도는 거짓말을 하거나, 속이거나, 훔치거나, 그런 행위를 하는 사람을 용납하지 않습니다."라는 문구가 있다.

또한 그는 에콜 폴리테크니크 식의 수학과 과학 기술 교육 과정을 기본 커리큘럼으로 채택했다. 당시 에콜 폴리테크니크는 뉴턴의 과학을 받아들이고 이를 수학적 방식으로 발전시키면서 새로운 학문 영역을

실바누스 세이어

개척해 나가는 세계 최고 과학자 교수진을 보유한 과학 기술 학교이자 군사 학교로서의 전통을 쌓아 가고 있었다. 따라서 여기서 배출된 인재들은 최고의 군 지휘관이었고, 프랑스 과학계를 세계의 중심으로 격상시킨 과학자였으며, 국가와 공공 분야의 핵심 관료 또는 리더였다. 그렇다 보니 신생 미국 군대 입장에서는 에콜 폴리테크니크가 벤치마킹 대상 1호일 수밖에 없었다.

이런 과정을 거치며 과학 기술을 중시하는 프랑스 군대의 전통이 미국 군대과 웨스트포인트에 이식됐다. 어쩌면 프랑스보다 미국이 더 절실하게 고도의 수학과 과학 기술을 필요로 했을지도 모른다. 오랜 전쟁을 마치고 영국으로부터 독립해 이제 막 새로운 국가를 건설해야 하는 상황에 처해 있던 미국은 군대 육성뿐 아니라 광대한 국토를 개

1870년경 웨스트포인트의 생도들

척해야 하는 숙제를 안고 있었고, 이를 위해서는 과학 기술 지식을 갖춘 토목 기술자들이 필요했기 때문이다.

웨스트포인트는 이런 핵심 엔지니어를 양성할 수 있는 미국의 유일한 아카데미였다. 물론 1824년에 토목공학과 기계공학 기술자들을 양성하는 미국 최초의 민간 공학교 렌슬리어 공과학교가 설립됐지만 19세기 국가 팽창기에 토목공학 분야의 엘리트 육성 기관으로서 웨스트포인트의 역할은 지대했다. 웨스트포인트는 미군의 최고 지휘관을 배출하는 가장 중요한 교육 기관으로 성장했지만, 다른 한편으로는 신생 국가 미국이 거대한 대륙 국가를 건설하는 과정에서 가장 필요했던 토목공학을 중심으로 한 엘리트 엔지니어를 양성함으로써 국가와 사

회에 필요한 기술 인재의 산실이기도
했다.

이렇게 양성된 대표적인 엘리트 엔
지니어로는 파나마 운하 건설을 총지
휘한 조지 고설스George Goethals가 있다.
토목 기술자이자 육군 장군이었던 그
는 1858년 뉴욕에서 태어나 웨스트포
인트를 졸업했고 육군 공병대 소위로
임관한 뒤에는 웨스트포인트에서 후
배 생도들을 가르치기도 했으나 대부
분 국가 기간 시설 건설의 관리 감독
역할을 수행했다. 그 외에도 수많은
웨스트포인트 출신 엔지니어 인재들
은 국토 개척과 건설 현장에서 요직에
배치됐다.

1910년 미국 27대 대통령 윌리엄 태프트에게
파나마 운하 건설 현장을 안내하는 조지 고설스

1910년 파나마 운하 건설 현장

프랑스 에콜 폴리테크니크와 미국
웨스트포인트의 공통점은 당대 최고
이자 최신의 수학과 과학 기술 교육을
제공했다는 것이다. 이런 교육 시스템은 이들 국가가 군사 및 과학 기
술 강국으로 성장하는 데 상당한 기여를 했다.

오늘날에도 군 지휘관을 포함해 수많은 인재들을 배출하고 있는 웨스트포인트는 세계 최고의 사관 학교로서 입학 자격이 매우 까다로운 것으로 잘 알려져 있으며 그 제도와 전통은 우리나라를 포함한 전 세계 사관 학교 시스템에 큰 영향을 미쳤다.

14장

과학 기술이 돈이 되다

에디슨의 GE와 벨의 AT&T

근대와 현대가 교차하는 시기에 서양에서는 과학 연구의 중심이 대학이었다. 그랬던 과학자들이 언제부턴가 기업 소속 연구소에서 활동하기 시작했는데 이는 그리 오래된 일이 아니다. 그 시작을 거슬러 올라가 보면 19세기 중후반에서 20세기 초반 독일의 염료 공업과 미국의 전기 산업 분야에 가닿는다. 해당 분야의 기업들은 시장 판매를 위한 상품 생산을 넘어 부속 연구소를 만들어 과학자를 채용하고 연구를 지원, 과학 기술 발전을 주도하기 시작했다.

19세기 후반 2차 산업혁명 당시 독일에서는 인공 화학 염료 등의 다양한 유기화학 합성 분야가 각광받고 있었다. 이때 설립된 획스트, 바스프, 아그파 등의 화학 염료 기업들이 직접 과학자들을 고용해 연구를 진행했고, 이런 기업 연구소 모델이 성공적으로 정착됐다는 이야기는 앞에서 이미 다룬 바 있다. 이를 통해 독일의 대학과 산업체들은 이론화학, 화학공학 분야에서 세계적 강자로 부상하게 됐다.

같은 시기 미국의 전기와 전신, 통신 산업 분야에서도 유사한 일이 벌어졌다. 독일 유학파를 포함한 미국 과학자들이 대학뿐 아니라 기업 연구소에서 이윤 추구를 위한 실용 연구와 이론 연구를 병행하게 된 것이었다. 이렇게 전자기학이나 전기공학 분야 등 과학과 산업 분야의 유기적이고 상호 호혜적인 발전이 가능해지면서 미국은 점차 과학 기술 강국으로 변모해 갔다.

19세기 후반까지 서양에서 과학 분야의 강자는 단연 영국과 프랑스였다. 그리고 그 뒤를 독일이 바짝 잇고 있었다. 반면 미국은 남북 전쟁이 끝난 1865년까지도 과학 분야에서 한참 뒤처진 후발 주자였고, 대학들도 고전과 인문학 중심의 전통 교육에 머물러 있었다. 하지만 공업 사회로 막 진입하기 시작하자 미국 사회에도 변화의 목소리가 커지기 시작했다. 유럽 국가, 특히 독일처럼 근대화하기 위해서는 선진적인 과학 기술의 이념과 가치관에 부합하는 교육을 실시해야 한다는 지식인들의 각성과 개혁 열망이 커져 간 것이었다. 오늘날 흔히 '아이비리그Ivy League'*라고 불리는 하버드 대학교와 프린스턴 대학교, 예일 대학교를 비롯한 주요 대학교들이 과학과 수학을 강조하는 교육 개혁

* 미국 북동부에 있는 여덟 개의 명문 사립 대학교를 지칭하며, 하버드 대학교, 예일 대학교, 펜실베이니아 대학교, 프린스턴 대학교, 컬럼비아 대학교, 브라운 대학교, 다트머스 대학교, 코넬 대학교가 여기에 속한다.

을 선도했다. 특히 1876년 설립된 존스 홉킨스 대학교의 초대 총장 대니얼 길먼 Daniel Gilman과 같은 독일 유학파들의 활동이 두드러졌다. 그는 존스홉킨스 대학교에서 독일 대학 모델인 대학원 중심 연구 기능을 정착시켰고, 신진 과학자들을 배출하며 여타 대학들의 모범이 됐다. 이 과정에서 미국 과학계를 주도하는 과학자 사회가 형성돼 갔다.

대니얼 길먼

이와 맞물려 미국 산업계 역시 변화와 성장의 파고를 타기 시작했다. 19세기 말부터 산업 기술자들이 대거 필요해지고 이들을 양성하기 위한 과학 기술 교육의 비중 또한 커졌다. 이렇게 양성된 기술자와 공학자들이 다시 과학자들과 함께 산업체 연구 인력으로 자리를 잡으면서 과학과 기술 산업계의 교류를 통한 선순환 성장세가 이어졌다. 특히 전기와 전신, 통신 산업을 기반으로 산업체의 연구 개발 시스템이 갖춰지자 이론 과학과 산업 기술 분야가 융합된 미국식 발전 모델이 틀을 잡아 갔다.

초기 미국의 기술 산업계에는 대학의 전문 과학자보다 천재적인 직업 발명가들의 업적이 더욱 도드라졌다. 대표적인 사람이 우리가 잘 아는 토머스 에디슨Thomas Edison이다. 그는 개인 차원의 발명과 연구를 넘어 여러 전문가를 고용해 축음기와 전화송신기, 전구와 전기, 전력 발전 등 수많은 조직적 발명에 성공했고, 1876년 세계 최초의 민간 연구소인 멘로파크 연구소를 설립했다. 뒤이어 1878년에는 에디슨 전기 조명 회사를 세워 40시간 이상 빛이 지속되는 백열등으로 특허를 받았다. 공식적으로 특허를 받은 발명품만 1,093개이고, 비공식적으로는 2,000개 이상의 발명을 했다고 전해지는 에디슨은 이외에도 여러 회사를 갖고 있었다. 그러던 중 1889년 에디슨 전기 조명 회사를 모태로 여러 회사를 하나로 합쳐 에디슨 제너럴 일렉트릭을 설립했다.

1880년 토머스 에디슨의 멘로파크 연구소

그리고 이 회사는 1892년 전기 회사 톰슨-휴스턴과 합병해 GE^{General Electric}로 거듭났다.

에디슨의 백열등 특허가 종료될 시점이 다가오자 조명 산업에서의 독점 유지에 위기를 느낀 GE는 조명 분야를 연구하는 부설 연구소를 설립했다. 그리고 연구소에 파격적인 인사를 단행하는데 다름 아닌 발명가 휘트니를 전격 고용한 것이었다. 이는 미국의 과학 연구가 전통적인 대학 공간을 벗어나 산업적 시스템으로 자리 잡게 되는 역사적 사건이었다.

GE 조명 연구소로 온 휘트니는 독일 화학자 발터 네른스트^{Walther Nernst}가 개발한 금속 필라멘트 전구 기술을 채용한 회사 웨스팅하우스^{Westinghouse}와 경쟁하기 위해 여러 과학자를 초빙해 연구를 지원했다. 이때 스카우트된 화학자 어빙 랭뮤어^{Irving Langmuir}가 텅스텐 백열등 개발에 성공함으로써 GE는 조명 산업에서 계속 독점적 지위를 지킬 수 있었다. 랭뮤어는 GE 연구소에서의 업적을 바탕으로 산업적·이론적 연구를 병행했고, 1932년 노벨화학상까지 수상했다. 기업 연구 시스템에 힘입어 이후 GE는 전기와 전력 설비에서 절대 강자로

GE 연구소에서 토머스 에디슨(왼쪽)과 찰스 스타인메츠

군림하고, 전자와 에너지, 군수 및 항공우주 분야에 이르기까지 글로
벌 기업으로 성장할 수 있었다.

　GE뿐 아니라 그레이엄 벨Graham Bell이 설립한 전화 회사 AT&TAmeri-
can Telephone & Telegraph 역시 1925년 벨 연구소를 설립해 수많은 과학자
들에게 연구 공간을 제공했다. 연구 중이던 전화기를 테스트하던 벨
이 자신의 조수였던 토머스 왓슨Thomas Watson에게 "왓슨, 이리로 와 주
게!"라고 했던 것이 인류 최초의 통화라는 일화는 이미 많은 이들에게

뉴욕에서 시카고로 첫 장거리 통화를 시도하는 그레이엄 벨

알려져 있다. 이 일화의 진위 여부에 대해서도 논란의 여지가 있고, 벨의 전화기 발명에 대해서도 많은 말들이 나오지만 벨 연구소에서 여러 과학자들이 다양한 연구들을 진행했다는 것만큼은 사실이다.

당시 미국의 기업 연구소들은 대체적으로 모기업에 필요한 제품 개발과 같이 산업적 목적을 위한 실용 연구를 가장 중요하게 여겼다. 하지만 그럼에도 불구하고 기업들은 과학자들에게 비교적 자유로운 연구 여건을 보장해 줬고, 기초 과학 연구에도 매우 관대했다. 또 세미나, 컬로퀴엄, 초청 강연 등 대학교와 동일한 형태의 연구 시스템을 갖춰 나가고자 노력했다. 이 과정에서 전기와 전자 공학과 같은 공학 및 산업적 성과뿐 아니라 물리학과 화학, 전자기학 등 수많은 이론 과학의 성과들이 함께 쏟아져 나올 수 있었다.

이처럼 독일과 미국을 중심으로 정착된 대학과 기업의 과학 및 공학에 대한 연구 개발 시스템과 그에 대한 투자는 두 나라가 과학 기술 분야에 있어서 초강대국이 되는 데 큰 영향을 미쳤다. 또한 이런 산업적 연구를 통해 성장한 거대 기업들은 1차 세계대전 중 군수품 개발과 생산에 참여하며 더 강력한 경쟁력을 갖게 됐다. 독일과 미국 정부는 이들 기업을 국방 분야에 동원해 다양한 군사 기술과 무기체계를 개발하도록 했고, 이렇게 전쟁 중에 얻어 낸 과학 기술의 성과는 국방 분야를 넘어 민수 산업 및 일상으로 퍼져 나갔다.

'과학 기술 기반의 강군 육성'은 오늘날 우리나라의 안보 분야에 있어서 제1의 국정 목표다. 대학과 연구 기관 그리고 관련 기업과 산업체들이 이 목표를 달성하기 위해 국방 과학 기술 연구에 대거 참여하고 있다. 연구 개발의 주체는 산학연 모두를 망라한다.

미국과 독일의 사례는 과학 기술 기반의 군사력을 갖추는 데 산학연의 고른 기술 경쟁력이 얼마나 중요한지에 관한 역사적 교훈을 주었다. 이를 되새기며 앞으로 우리의 국방 목표를 어떻게 수행해 나갈지에 대해 다시 한번 점검해 봐야 할 것이다.

15장

철보다 강한 섬유를 군수품으로

듀폰의 나일론

"우리 스타킹은
철보다 강합니다."

전기·전신 및 통신 기업이 중심이 돼 성공적으로 안착시킨 미국의 기업 연구소 모델은 화학 공업으로도 분야를 넓혔다. 이를 선도한 기업은 세계 최대의 화학 회사인 듀폰이다.

1700년대 말 프랑스의 화학자 라부아지에의 제자이자 친구였던 엘뢰테르 듀폰Éleuthère Du Pont은 프랑스 혁명기 라부아지에의 처형에 충격을 받고 공포 정치를 피해 미국으로 이주했다. 미국 동부에 자리를 잡은 그는 1802년 다이너마이트와 화약을 생산하는 회사 듀폰을 설립했는데, 1861년 남북 전쟁으로 화약 수요가 폭발적으로 늘면서 첫 번째 도약의 기회를 맞았다. 남북 전쟁 당시 북군(정부)이 사용한 전체 폭약의 40퍼센트 이상을 공급했을 정도로 듀폰은 미군의 최대 화약 납품 기업으로 성장했다.

가족 기업으로 성장을 이어가던 듀폰은 폭발물 품질 개선과 신제품 개발을 위한 연구의 필요성을 느끼고, 1902년 중앙 연구소를 만들어 본격적으로 기초 연구에 투자하기 시작했다. 니트로셀룰로오스, 셀룰로이드 플라스틱 등 수많은 화학 제품이 이 시기 연구의 산물이다.

두 번째 기회는 1914년 발발한 1차 세계대전이었다. 이전까지 독일에서 들여오던 화학 약품 공급이 전쟁으로 중단된 상태에서 미군의 군납 요구가 폭발적으로 늘어나자 이 타이밍을 놓치지 않고 듀폰은 화약 제품뿐 아니라 유기화학 염료를 포함, 다양한 자체 신제품 개발에 박차를 가했다. 공군의 보온복이나 낙하산 등 다양한 군수 물자들이 이 시기에 개발, 납품됐다.

듀폰의 연구 개발에 대한 열정은 2차 세계대전 직전 역사에 길이 남을 화학 제품으로 꽃을 피웠다. 1915년 듀폰은 하버드 대학교에서 유기화학 박사 학위를 받고 독일 카이저 빌헬름 연구소에서 2년간 일한 뒤 미국으로 돌아온 엘머 볼턴Elmer Bolton을 연구소로 영입했다. 당시 독일을 중심으로 부상하던 유기화학을 미국에서도 제대로 연구해 제품을 개발하기 위해서였다. 1928년 볼턴의 연구팀에는 하버드 대학교에서 유기화학을 가르치던 젊은 강사 월리스 캐러더스Wallace Carothers도 함께하게 되는데, 그는 합류한 지 6년 만인 1934년 합성섬유 폴리아미드 5-10 개발에 성공했다. 이 합성섬유가 바로 20세기 가장 위대한 발명품 중 하나인 '나일론'의 시작이었다. 흔히 나일론은 천재 과학자 캐러더스의 개인 발명품으로만 알려져 있지만 사실 기초 연구와 상업적 연구를 모두 아우르는 듀폰의 기업 연구 개발 모델이 있었기 때문에 가능했던 일이다.

캐러더스가 개발한 폴리아미드 5-10에는 한 가지 약점이 있었다. 대량 생산 공정에 비용이 많이 들었던 것이다. 기초 연구보다 상업적 목적의 연구를 선호했던 볼턴은 그보다 저렴하게 생산할 수 있는 폴리아미드 6-6 폴리머(중합체)를 최종 생산 물질로 선택했고, 연구소 내 생산 공정 기술력을 총동원해 1939년 나일론 섬유 대량 생산에 성공했다. 캐러더스의 기초 연구에 볼턴의 철저한 상업적 연구 관리 방식이 결합하면서 비로소 나일론이 세상에 나올 수 있었다. 하지만 이 과정에서 볼턴과 갈등을 겪은 캐러더스는 1937년 자살로 생을 마감해 정작 나일론의 상업적 성공을 보지 못했다. 몇 년만 더 버텼다면 노벨상도 받고 가장 성공한 화학자로 대접받을 수 있지 않았을까 하는 안타까움은 그때나 지금이나 남아 있다.

듀폰에서 캐러더스의 연구 개발 산물은 비단 나일론만이 아니었다. 1928년에는 캐러더스 팀이 이미 합성 고무 네오프렌을 만들었고, 내열성이 높아 오늘날 주방용품 등에 많이 쓰이는 테플론 역시 듀폰에서 만들었다.

2차 세계대전은 듀폰에 가장 큰 성공을 가져다 준 세 번째 기회가 됐다. 당

월리스 캐러더스

시 미국은 고급 실크 원사를 전량 일본으로부터 수입했다. 그런데 전쟁으로 원사 공급이 전면 중단되자 이를 대체할 만한 여성복용 고급 섬유가 절실해졌고 때맞춰 출시된 듀폰의 나일론은 미국 사회에 오아시스와 같았다. 듀폰에서도 이를 십분 활용해 나일론을 홍보했다. 당시 실크 스타킹은 상류층 여성들의 필수품이었다. 이에 대항해 나일론 스타킹을 출시하면서 "우리 스타킹은 철보다 강합니다."라는 홍보 문구로 나일론 스타킹이 철보다 강한 강도를 가졌을 뿐 아니라 품질도 뛰어남을 강조했다. 그리고 나일론 스타킹 자체가 스타킹과 동의어가 될 수 있도록 '나일론 스타킹'이 아닌 '스타킹'으로 상표 등록까지 마쳤다. 제품도 훌륭했지만 마케팅 전략 또한 뛰어났기에 결과는 대성공이었다. 1940년 처음 시장에 선보인 나일론 스타킹은 4,000켤레가 바로 매진됐고, 전국 각지 매장에 스타킹을 사기 위해 여성들이 줄을 서는 진풍경이 벌어졌다. 여러 지역에 나일론 생산 공장이 지어졌고, 인류의 의류 생활은 나일론 이전과 이후로 나뉠 만큼 엄청난 변화를 가져다줬다.

의류 산업뿐 아니라 전시에 군수 산업에서도 나일론 수요가 폭증했다. 군복의 소재로 채택되는 걸 시작으로 피복류뿐 아니라 주요 무기나 장비의 소재로도 나일론은 각광받았다. 이에 맞춰 듀폰은 생산 공정을 전시 체제에 맞게 전환했다. 그렇게 철모피, 총기 끈, 낙하산, 타이어 코드, 밧줄, 연료통 등 나일론이 들어가지 않은 군수품을 찾을 수 없을 정도가 됐다.

나일론 외에도 듀폰의 제품 중에
2차 세계대전에 제대로 기여한 군
수품이 있다. 원자폭탄의 가장 중요
한 원료인 플루토늄을 추출하는 원
자로를 건설해 플루토늄 폭탄을 생
산한 것이었다. 캐러더스의 기초 과
학 연구를 통해 얻은 폴리아미드가
체계적인 생산 공정을 거쳐 나일론
이라는 최종 양산품이 됐듯 1942년
시카고 대학교의 물리학자 글렌 시
보그Glenn Seaborg가 기초 과학 연구를
통해 미량 추출에 성공한 플루토늄

1960년대 듀폰의 스타킹 광고

은 맨해튼 프로젝트(원자폭탄 개발 계획) 중 듀폰이 건설한 핸포드 공장
에서 대량 추출돼 플루토늄 폭탄으로 제조됐다.

다만 듀폰은 플루토늄 폭탄 개발에 참여하면서 1차 세계대전 때부
터 얻었던 전쟁으로 돈을 버는 군수 기업의 이미지가 굳어질 것을 우
려해 원가 외 단 1달러의 고정 수수료만 받는 계약을 고집했고 관철시
켰다. 원자폭탄 제조 전 과정에서 가장 큰 역할을 담당했던 테네시 주
오크리지의 거대 원자로뿐 아니라 워싱턴 주 핸포드의 플루토늄 추출
공장과 원자로의 설계부터 건설, 운영 모두 듀폰의 엔지니어링 역량
이 모두 투입돼 이루어 낸 결과였다.

앞 장에서 언급한 GE, AT&T와 마찬가지로 듀폰의 역사는 현대 과학 기술 연구가 어떻게 대학의 순수 학술 연구 영역을 넘어 산업의 성장으로 이어졌는지, 그리고 그런 산업화 과정이 민수 산업뿐 아니라 군수 산업의 성장으로 이어지며 어떻게 서로 영향을 주고받았는지를 매우 잘 보여 주는 사례다. 이런 연구 개

1950년 연구실에서 글렌 시보그

발 방식은 점차 보편적인 국방 연구 개발 모델로 자리 잡게 됐다.

전쟁마다 승승장구했던 듀폰은 분명 전시 군수품 납품으로 막대한 이익을 얻었지만 세계대전이 끝나고부터는 가급적 방산과 거리를 뒀다. 이후 듀폰에서 개발한 프레온 등 여러 화학물질 또한 유독성과 환경오염 논란*에서 여전히 자유롭지 않지만 그간 나일론을 비롯한 신소재와 제품 개발로 일상생활과 농업 및 우주, 생명 분야에 이르기까지 현대 물질문명이 만들어지는 데 상당한 기여를 한 것 또한 사실이다.

---

*듀폰의 환경오염 논란에 관한 대표적인 사례는 과불화옥탄산(PFOA)이다. 이는 프라이팬의 코팅제로 쓰여 온 테프론 속 화학 물질로, 듀폰이 유독성을 부인하고 은폐해 왔다는 장기간의 문제 제기와 법정 소송 끝에 2017년 미국 법원이 6억 7,100만 달러의 배상을 선고했다.

16장

전쟁이 키운 학교

MIT의 공학 vs. 칼텍의 기초 과학

뜨거운 태양의 도시 캘리포니아 패서디아에는 공학에 대한 열정을 태양보다 더 뜨겁게 불태우고 있는 학교가 하나 있다. "진리가 너희를 자유케 하리라."라는 교훈 아래 수많은 노벨상 수상자를 배출한 미국의 명문대학교 캘리포니아 공과대학교(이하 칼텍)다. 미국에 수많은 공과대학교가 있지만 칼텍만큼 공학에 진심인 학교도 드물다. 기초 과학에 대한 진정성에서 출발한 학교이기 때문인지도 모르겠다.

　오늘날 과학 기술은 물질문명과 산업 경제의 토대다. 과학 연구와 기술 개발은 산업계, 대학, 정부 기관 등 다방면에서 진행 중이고, 여기에는 상당 부분 국가의 지원이 있다. 특히 국가 안보와 직결된 군사 과학 기술 분야는 재정적 관리 측면에서 정부의 역할이 가장 결정적이고 중요하다는 데 모두가 고개를 끄덕일 것이다. 그러나 처음부터 이런 구조로 만들어졌던 건 아니다. 국가와 산업 사회가 복잡하게 변화, 진화하는 과정에서 자연스럽게 형성된 시스템이다.

연구가 기업 실적에 도움이 될 것이라는 기업의 기대, 교육뿐 아니라 교수의 연구 활동과 실적을 중요하게 생각하는 대학의 시스템, 과학의 발전이 결국 국가의 안보와 위상을 향상시킨다는 정부의 판단이 하나로 모인 결과다.

앞에서 기업의 연구소들에 관해 이야기했다. 기업 연구소에 영입된 이들 중 대부분은 대학교수 출신의 연구자들이었다. 만약 연구 중심 대학 시스템이 뒷받침되지 않았다면 기업 연구 개발 시스템도 형성되기 쉽지 않았을 것이다.

유럽에 비해 낙후했던 미국 대학들은 19세기 후반부터 과학과 공학 연구 중심 대학으로 거듭나며 세계의 중심에 가까워지고 있었다. 19세기 후반에는 미국 동부 아이비리그 대학들이 과학·수학을 강조하는 교육 개혁을 선도했다면 20세기 들어서는 존스홉킨스 대학교와 시카고 대학교, 매사추세츠 공과대학교Massachusetts Institute of Technology, MIT, 칼텍을 중심으로 미국의 연구 중심 대학원과 과학자 사회의 발전이 이뤄졌다.

그중에서도 1865년 남북 전쟁 끝에 엔지니어 양성 목적으로 설립된 MIT는 미국 대학과 산업계 연구 개발 시스템의 발전사를 그대로 압축해 보여 주고 있다.

20세기 초 MIT에는 크게 두 개의 목소리가 대립하고 있었다. 기초 과학을 대표하는 물리화학자들과 공학을 대표하는 화학공학자들의 갈등이었다. 당시 MIT 총장 대행이었던 아서 노이스Arthur Noyes의 물리 화학 연구소는 대학 본연의 목적에 맞게 순수 기초 과학에 매진해야 한다고 주장했던 반면, 화학공학의 아버지인 윌리엄 워커William Walker의 응용 화학공학 연구소는 기업의 요구에 맞춘 협동 연구를 적극 옹호하며 치열하게 맞섰다. 다만 노이스는 독일 라이프치히 대학교에서, 워커는 독일 괴팅겐 대학교에서 각각 유학했기 때문에 독일식 선진 시스템 도입에 대해서는 공감대가 있었다. 그리고 이런 갈등과 균형의 이슈는 오히려 대학이 연구 중심으로 발전하는 원동력이 됐다.

하지만 역사는 한쪽의 손을 들어 주었다. 1차 세계대전이 발발하자 미국 내 화학 기업들로부터 위탁 연구 계약이 쏟아져 들어왔고, 엄청난 연구비를 수주한 워커의 응용 화학공학 연구소가 MIT의 중심 세

아서 노이스   윌리엄 워커

력이 되면서 노이스는 밀려나고 말았다. 기업이 대학에 연구를 위탁하기도 했지만, 록펠러·카네기 재단과 같은 기업가들의 기금에 의해 설립된 공익 재단의 기부금 또한 주요 대학에 연구비로 지원되면서 MIT는 산업체 연구를 중시하는 산학 협력 대학의 대명사이자 가장 부유한 연구 중심 대학원이 됐다. 그리고 1차 세계대전이 끝난 뒤에는 정부와 군이 요구했던 국방 목적의 연구 역시 MIT에서는 기업과의 산학 협력을 중심으로 진행됐다.

이렇듯 든든하게 기업 후원을 받던 MIT에도 위기가 찾아왔다. 1929년 미국 주식이 대폭락해 영국·프랑스·독일·이탈리아 등의 유

1917년경 매사추세츠 공과대학교

174

럽과 미국이 세계대공황에 빠지면서 기업의 지원이 대폭 축소된 것이었다. 이에 대학 운영 방식 개혁의 필요성을 느낀 MIT 총장 아서 콤프턴Arthur Compton은 1930년 대학이 지나치게 산업계 후원에 치우쳐 있던 데서 벗어나 새로운 후원자가 필요하다고 판단, 연방정부를 설득해 국가와 대학 간 협업 체계를 구축했다. 그렇게 MIT는 전기 · 항공 공학 등의 공학 중심지로 재부상했다. 그리고 이는 2차 세계대전을 거치며 MIT가 군사 과학 기술 연구 분야에서 핵심 역할을 수행하는 밑거름이 됐다.

한편으로 1차 세계대전을 전후해 공학자들에게 주도권을 빼앗긴 기초 과학자들은 MIT를 떠나 새로운 곳으로 자리를 옮겼다. 이들에게 가장 좋은 보수와 연구 여건을 제공해 준 곳은 미국 서부 캘리포니아의 스루프 공과대학교Throop Polytechnic Institute였다. 최고의 기초 과학자들을 유치한 스루프 공과대학교는 이들 덕에 세계적인 연구 공과대학교인 칼텍으로 거듭날 수 있었다. 칼텍이 본격적으로 성장하게 된 건 1907년부터 스루프 공과대학교 이사로 학교 성장에 힘쓰고 있던 천체물리학자 조지 헤일George Hale의 공이 컸다. 태양 흑점과 홍염에 관한 연구로 미국 내 영향력이 상당했던 헤일은 세계 최대 윌슨 산 천문대도 이끈 바 있었다. 칼텍에서 그는 MIT의 노이스를 영입하고, 기업과 기업가들의 민간 재단, 정부로부터 막대한 연구비를 유치하는 데 성공했다. 기업뿐 아니라 록펠러 · 카네기 · 게이츠 재단 등의 공익 재단과 연방정부가 칼텍의 공식 후원자이자 파트너가 됐다. 당시 가장 많

1890년대 스루프 공과대학교

은 연구비를 지원한 록펠러 재단의 모토는 '가장 최고의 분야를 더 최고로 만들자.'였는데 이는 칼텍 운영에도 그대로 적용됐다. 이렇게 확보한 든든한 지원군들 덕에 칼텍은 여러 유수의 대학들로부터 최고의 과학자들을 스카우트할 수 있었다.

MIT에서는 물리화학자 노이스, 시카고 대학교에서는 기름방울 실험을 통해 최초로 전하량을 측정해 낸 물리학자 로버트 밀리컨Robert Millikan, 컬럼비아 대학교에서는 초파리 실험으로 염색체 지도를 입증한 유전생물학자 토머스 모건Thomas Morgan이 칼텍에 합류했다. 뿐만 아니라 '나비의 날갯짓이 지구 반대편에 태풍을 일으킬 수 있다.'는 나비 효과로 유명한 MIT의 기상학자 에드워드 로렌즈Edward Lorenz, 원자와 양자물리학을 주로 연구한 독일의 이론물리학자 아르놀트 조머펠트

Arnold Sommerfeld 등 최고의 엘리트 과학자들을 파격 지원했다. 독일에서 미국으로 망명한 아인슈타인도 칼텍의 방문 연구자로 이름을 올렸다.

칼텍이 이렇게 성공적으로 운영될 수 있었던 데는 헤일, 노이스, 밀리컨 등 칼텍의 주요 구성원이 모두 미국 국립연구회의National Research Council, NRC의 핵심 회원이라는 점도 작용했다. 1916년 설립된 NRC는 남북 전쟁 중인 1863년 북군을 지원하기 위해 만들어진 미국 최고 과학자 전문가 단체 '국립 과학 아카데미'의 분과

1932년 칼텍에서 로버트 밀리컨(왼쪽)과 알베르트 아인슈타인

위원회다. 1차 세계대전에 미국이 참전하게 되자 미국 28대 대통령 우드로 윌슨Woodrow Wilson은 국가가 지원하는 군사 과학 연구에 과학자와 공학자 커뮤니티가 적극적으로 참여할 수 있는 방법을 찾을 것을 요구했고, 이를 받아들인 헤일이 만든 단체가 NRC다.

1차 세계대전 중 대학을 비롯한 여러 연구 기관에서 과학자와 공학자들이 합세해 군사 기술을 개발한 것도 NRC 주도였다. NRC의 대표적인 성과로는 NRC 부위원장이자 해군 대잠 무기 특별위원이었던 밀리컨이 독일의 잠수함 유보트를 격파하는 데 상당한 기여를 한 음파

탐지 장치 개발을 지원한 일을 꼽을 수 있다. 이외에 망원경 렌즈 개발, 방독면 개량, 화학 무기 개발 또한 NRC를 중심으로 추진된 연구 프로젝트였다.

이처럼 군사 연구 개발 시스템의 주역이던 헤일이 이끈 칼텍은 1차 세계대전 이후에도 국방 목적의 연구 개발 중심지로 성장했다. 특히 지구 대기권의 높이 기준을 100킬로미터로 정한 헝가리 출신의 항공 우주공학자 시어도어 폰 카르만Theodore von Kármán이 칼텍의 구겐하임 항공연구소Guggenheim Aeronautical Laboratory at the California Institute of Technology, GALCIT로 초빙되면서 세계 최고의 항공공학 중심지로 변모했다. 이후 GALCIT는 2차 세계대전 중 제트추진연구소Jet Propulsion Laboratory, JPL로 발전했다. JPL은 군사 및 항공 우주 연구의 최고 핵심 연구센터가 돼 1958년 미국 항공우주국The National Aeronautics and Space Agency, NASA 설립의 중추적인 역할을 담당했다.

이처럼 1차 세계대전 중 NRC가 주도하고, 정부와 군의 요구로 과학 기술자 사회에 위탁된 조직적이고 의도적인 군사 과학 기술 연구 방식은 2차 세계대전을 거치면서 더욱 체계적인 미국식 국방 연구 개발 시스템으로 정착했다.

17장

2차 세계대전, 미국의 시대가 열리다

버니바 부시의 국방연구위원회

"정부는 기초 과학을
지원해야 합니다."

세계 초강대국인 미국의 연간 정부 예산은 어느 정도일까? 미국은
50개 주가 모인 연방국가로서 각 주의 총 예산 규모가 상당하다. 이
를 제외한 연방정부만의 예산을 국가 예산으로 본다면 2023년 기준
총 1.7조 달러(한화 약 2,230조 원)에 달한다. 이는 우리나라의 정부 예
산인 638조 원의 네 배 정도 된다. 우리나라의 경우 연방제가 아니니
이 숫자만 놓고 단순 비교하기는 어렵지만, 국가 규모를 고려하면 그
렇게 어마어마해 보이지는 않는다.

　미국은 연방정부의 예산을 크게 국방 예산과 비국방 예산으로 나눈
다. 그리고 국방 예산이 전체의 절반 이상을 차지한다. 1,000조 원이
넘는 천문학적인 돈이 국방비로 사용되는 셈이다. 미국은 국방 예산을
전 세계에서 가장 압도적으로 쓰는 나라다. 이를 고려하면 미국이 절

대적인 군사 패권국의 지위를 유지하는 건 너무나 당연한 귀결이다.

미국의 국방 연구 개발 예산 구조에는 몇 가지 독특한 특징이 있다. 첫째, 군사 과학 기술 중심의 국가 연구 개발 체제를 갖고 있다. 미국은 연방정부 연구 개발비의 60~70퍼센트 정도를 국가 안보 목적의 국방 연구 개발비로 집행한다. 둘째, 국방 연구 개발 예산은 기초 과학부터 무기체계 개발과 시험 평가에 이르기까지 매우 다양한 분야를 포괄하고 있다. 즉, 무기를 만드는 직접적인 응용 목적의 임무 지향적 군사 기술뿐 아니라 군사적 목적과 당장 관련 없을 것 같은 물리·화학·생물·지구과학·천문학 등 기초 과학과 수학 연구에 이르기까지 광범위한 분야에서 상당한 규모의 국방 예산을 사용하는 구조다. 주로 군사적 응용 목적에 국방 연구 개발 예산을 집중 지원하는 국가 모델과 상당한 차이가 있는 편이다. 셋째, 국방 연구 개발 예산은 연방정부 및 각 군에 소속된 과학 기술 기구나 연구소, 또한 수많은 대학 연구소나 민수 및 방산 기업 연구소에 직접 배정, 투입된다. 즉, 국방 예산이 군 연구소 외에도 민관군의 산학연 과학 기술 연구 생태계 전반에 걸쳐 광범위하게 지원되고 있는 것이다.

이런 특징들은 최근 정부의 정책적 결정에서 비롯됐다기보다는 19세기부터 오늘에 이르기까지 미국의 국가 체제와 과학 기술계의 형성 과정에서 자연스럽게 만들어진 사회적·역사적 과정의 산물이라 할 수 있다.

1920년대 말부터 세계대공황과 1, 2차 세계대전을 거치는 시기에 기업이나 민간 재단은 과학 기술계 지원을 줄였다. 대신 군과 정부가 안정적인 후원자로서 그 자리를 대신했다. 오늘날 미국의 국방 연구 개발 시스템과 예산 구조가 만들어진 것도 이때부터였다.

기업이 연구소를 설립해 기초 과학이나 공학의 학문을 지원한 게 연구를 통한 산업 기술과 신제품 개발이 기업에 수익으로 돌아오리라는 믿음에 근거한 것이었듯, 정부 또한 학문 자체의 진흥보다는 공공복지와 국가 안보 같은 국가적 목적에 의해 연구 지원을 시작했다. 그리고 1, 2차 세계대전 시기에 확인된 성과는 정부의 연구 지원의 필요성에 대한 확신을 가져다줬다. 이런 국가의 요구에 부응하기 위해 대학과 기업의 엘리트 과학자를 비롯한 과학 기술계는 전력을 다했다. 혁신적인 군사 기술과 무기체계를 성공적으로 개발함으로써 첨단 과학 기술이 어떻게 국가 안보력을 강화할 수 있는지 입증했다. 그러면 그럴수록 과학 기술 지원에 대한 국가적 원칙과 신념은 굳어져 갔다.

국가와 군의 요청에 따라 다양한 군사 장비와 무기들이 단기간 내에 미국 전역의 대학과 기업의 연구소들을 중심으로 개발됐다. 레이더를 획기적으로 개량하고 개발한 MIT의 방사 연구소, 항공기 등 공중 전력 무기체계를 개발한 칼텍의 JPL 연구소가 대표적이다.

첨단 레이더는 전자기학과 에너지물리학에 관한 지식을 응용해 개발됐다. 하지만 원래 모든 기초 과학 분야에서의 학문적 성과가 단기간에 군사 무기 개발의 성공으로 이어진다는 보장은 없다. 그럼에도 불구하고 당시 과학 기술계는 기초 과학의 발전이 궁극적으로 군사적 · 공공적 목적에 부합하기 때문에 국가가 나서서 이를 적극 지원해야 한다고 강력히 주장했다. 지속적이고 안정적으로 국가 차원의 연구 지원을 받기 위해 제시한 논리였다. 이런 과정에서 가장 중요한 역할을 한 건 미국의 과학자이자 엔지니어 버니바 부시 Vannevar Bush였다.

버니바 부시

오늘날 인터넷과 하이퍼텍스트에 영감을 준 기억 확장기 메멕스를 고안한 부시는 MIT의 전기공학과 교수이자 공대 학장이었다. 또한 1922년에는 1차 세계대전에 잠수함 탐지 센서 등을 비롯한 군사 기술 연구에 참여했던 경험을 바탕으로 거대 방산 기업인 레이시온Raytheon을 설립하기도 했다. 그는 국가의 군사 연구를 지원하는 NRC 의장직과 워싱턴 카네기 연구소 소장직을 거쳤는데 이 과정에서 점차 최고의 엘리트 과학 행정가로 명성을 쌓았다.

미국이 2차 세계대전에 참전하자 부시는 과학 기술계의 군사 연구 참여를 보다 적극적으로 독려해야 한다고 판단, 1940년 미국 32대 대통령 프랭클린 루스벨트Franklin Roosevelt를 설득해 국방연구위원회National Defense Research Committee, NDRC를 설립하도록 했다. 이 위원회는 대학과 연구소에 군사 과학 기술 연구를 위한 막대한 국가 예산을 기획, 배분하

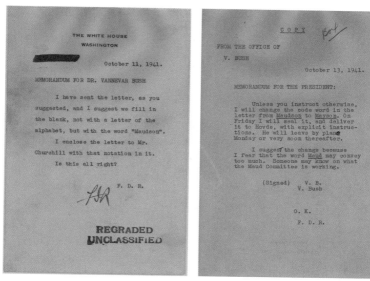

1941년 프랭클린 루스벨트와 버니바 부시가 모드 위원회와 관련해 주고받은 서신

는 권한을 갖고, 전쟁 기간에 근접 신관*이나 유도탄, 로켓 등 매우 다양한 군사 기술과 무기들을 성공적으로 개발하는 데 기여했다. 마이크로파와 레이저 연구를 위한 MIT의 방사 연구소나 반자동식 방공 관제 지상 시설Semi Automatic Ground Environment, SAGE 체계를 개발한 링컨 연구소, 그리고 원자탄 개발의 맨해튼 프로젝트 예산도 NDRC의 활동을 통해 마련, 지원됐다.

부시는 전후에도 국가가 기초 과학을 지원해야 한다는 근거와 이론

---

* 포탄이나 유도탄 등의 탄두에 결합해 사용하는 전파 기폭 장치로, 목표하는 유효 거리에 도달하면 전파의 작용으로 자동 폭발한다.

을 담아 1945년 〈과학, 끝없는 프런티어〉라는 제목의 과학 정책 보고서를 대통령에게 제안했다. 그는 이 보고서에서 "정부는 기초 과학을 지원해야 합니다."라고 누차 강조했다. 그래야 응용 기술의 성공과 성과를 이끌어 낼 수 있고, 이러한 응용 지식이 결국 공공복지와 국가 안보를 책임질 수 있다는 과학 정책 모델과 논리를 처음으로 제시했다.

앞에서 언급한 미국의 국방 과학 기술 중심의 국가 연구 개발 체제의 이론적 근거는 바로 부시의 이 보고서에서 비롯됐으며 이 보고서는 현재까지도 여전히 미국뿐 아니라 세계적으로 가장 강력한 과학 기술 정책의 교과서이자 원칙으로 통용되고 있다.

18장

원자는
쪼개진다

상대성 이론라
원자핵분열 실험

"신은 주사위 놀이를
하지 않는다."

인류의 역사는 통상 예수 탄생을 기점으로 기원전 B.C.와 기원후 A.D.로 구분한다. 하지만 국방 전문가들은 원자폭탄 이전인 B.A.^{Before Atomic Bomb}와 이후인 A.A.^{After Atomic Bomb}로 나누어야 한다고 이야기할 정도로 원자폭탄이 갖는 인류사적 영향력과 의미는 막대하다.

미국의 과학 기술계는 기초 과학부터 무기체계 개발 목적의 응용 기술에 이르기까지 정부의 조직적 계획과 지원이 없으면 생존과 성장이 어려울 정도로 국가 시스템에 대한 의존도를 높이는 방식으로 발전해 왔다. 이 과정에서 현대 과학의 거대과학*화가 급격히 진행됐고, 이와 함께 군부와 산업계, 대학의 연구 기반이 어우러진 강력한 군·산·학

---

* 원자력, 우주 개발 등 대규모 인원과 예산이 필요한 연구를 말한다.

복합체가 성장했다. 원자폭탄은 어쩌면 이런 과정으로 탄생한 결과물이었는지도 모르겠다. 분명한 건 원자폭탄 개발 과정에서 현대 과학기술의 모습과 성격은 전혀 다른 양상으로 변화했다는 것이다.

1895년 빌헬름 뢴트겐Wilhelm Röntgen이 고압 음극선관 근처에서 엑스선을 발견한 이후 음극선은 과학자들의 최대 관심사가 됐다. 이런 분위기 속에서 음극선 연구에 매진하던 영국의 물리학자 조지프 톰슨Joseph Thomson은 1897년 드디어 그 실체를 밝히는 데 성공했다. 그는 음극선이 음전기를 띤 전자의 흐름이라는 사실을 발표하며 '전자'의 존재를 공식화했다. 이전까지 물질의 기본 단위는 '원자'였고, 원자는 절대 깨질 수 없다는 인식이 지배적이었다. 그런 원자가 더 작은 입자인 전자로 쪼개질 수 있다는 건 가히 혁명적인 인식의 전환이었다. 이때부터 과학자들은 원자 단위 이하의 미시 세계를 본격적으로 파헤치기 시작했다. 그 결과, 입자핵물리학 등 새로운 과학 분야들이 속속 생겨났다.

이때 원자핵을 쪼개는 방법을 연구하는 과학자들도 있었다. 이후 밝혀진 내용이지만 원자는 전자와 원자핵으로 이뤄져 있다. 그리고 원자핵은 다시 양전기를 띠는 양성자와 전기를 띠지 않는 중성자들로 뭉쳐져 있으며, 양성자 숫자에 따라 원소의 성질이 결정된다. 그리고 그런 원자핵 주위에는 양성자와 같은 개수만큼의 음전기를 띠는 전자가 빠르게 돌고 있다. 보통은 원자핵을 구성하는 양성자 수와 중성자 수가 같다. 그런데 중성자가 더 많거나 또는 더 적어서 원자 번호는 같

조지프 톰슨   알베르트 아인슈타인

지만 질량 값이 다른 동위원소들이 있다. 동위원소들은 이런 불안정성 때문에 방사능을 유출하는 경향성을 보이게 된다.

  2차 세계대전 직전인 1938년 독일의 과학자 오토 한Otto Hahn, 프리츠 슈트라스만Fritz Strassmann, 리제 마이트너Lise Meitner, 오토 프리슈Otto Frisch 등은 양성자를 가속시켜 우라늄 원자핵에 충돌시키는 실험을 진행했다. 그러자 우라늄 원자핵이 분열되면서 우라늄보다 원자량이 작은 바륨과 크립톤 원자핵으로 쪼개졌다. 처음 확인된 '원자핵분열' 현상이었다. 이는 원자핵이 분열해 다른 원소, 즉 다른 물질로 바뀔 수 있음이 증명된 인류사적 사건이기도 했다.

  이런 원자핵분열 실험을 통해 밝혀진 또 다른 중요한 발견이 있다.

1940년 특수 상대성 이론 공식을 적은 칠판 앞의 알베르트 아인슈타인

양성자를 우라늄 원자핵에 충돌시킨 뒤 전체 질량을 비교해 보니 전체 질량이 극소량 줄어 있었다. 우라늄 원자핵이 단지 바륨과 크립톤 원자핵으로만 나뉘는 게 아니라 새로운 중성자 입자들이 튀어나오고 동시에 일정 에너지가 방출됐기 때문이었다. 그래서 이때 감소된 극소량의 질량값과 새로 방출되는 에너지 양을 계산해 봤더니 아인슈타인의 $E=mc^2$ 공식에 정확히 들어맞았다. 이는 핵분열 시 결손된 극소량의 질량이 엄청난 에너지 양으로 변환됐다는 의미였다. 에너지^{E}는 질량^m 곱하기 빛의 속도^{c}의 제곱이라는 $E=mc^2$ 공식으로 잘 알려진 '상대성 이론'은 1905년 아인슈타인이 발표한 것으로, 질량이 높을수록 발생하는 에너지도 크며, 물질과 에너지는 서로 교환할 수 있다는 것

을 증명한 것이었다.

희소 광물인 우라늄의 원소는 원자량(원자핵의 질량 값)이 조금 큰 U238이 대부분이다. 그런데 자연계의 우라늄 원석 중에서 0.7퍼센트밖에 없는 동위원소 U235의 핵을 분열시키자 U238을 분열시켰을 때보다 훨씬 더 큰 에너지가 방출됐다. 이를 토대로 계산해 보니 5킬로그램 정도의 U235를 추출해서 모으면 트라이나이트로톨루엔Tri-nitro-toluene, TNT* 수천 톤의 위력을 가진 폭탄을 제조할 수 있었다. 또한 우라늄 원자핵을 플루토늄 원자핵으로 먼저 변환해 분열시키면 더 큰 에너지를 얻을 수 있다는 연구 결과가 이어지면서 과학계는 흥분했다. 독일 과학자들의 핵분열 발견 소식은 세계 과학자 사회의 네트워크를 타고 전 유럽과 미국 과학계에까지 전달됐다.

하지만 당시는 과학자들이 이런 엄청난 과학적 발견을 단순히 지적 호기심과 학문적 성취감으로 즐길 만큼 여유롭고 평화로운 시기가 아니었다. 특히 발견에 결정적인 기여를 했던 마이트너를 포함한 독일 과학자들 대다수가 히틀러의 유대인 핍박을 피해 아슬아슬하게 독일을 탈출한 망명 과학자였다. 그렇다 보니 편하게 과학적 의미만을 좇아 연구할 수는 없었다. 전운이 감돌고 있던 만큼 과학자들은 자신의 연구 결과를 무기 개발과 연결시켜야만 했다.

아인슈타인이나 마이트너 같은 소수의 천재 과학자가 기초 과학 이

---

* 톨루엔의 수소 세 개에 질산과 황산을 혼합해 얻는 화합물로, 폭약으로 널리 쓰인다.

론을 밝혔다고 해서 바로 무기를 개발할 수 있는 건 아니다. 이를 위해서는 수많은 추가적인 과학 기술 연구 개발과 함께, 제조 공정에서의 시행착오와 실패를 해결해 낼 다수의 현장 경험과 인력이 필요했다.

2차 세계대전이 발발하기 직전, 핵분열 등의 결정적 연구 성과들은 독일 과학자의 주도로 이뤄지고 있었다. 그런 상황에서 히틀러가 과학자들을 이용해 먼저 무기를 만들어 버리면 결국 그의 호전성에 의해 전 인류가 파멸되고 말 것이란 두려움이 컸다. 평화를 유지하기 위해서는 미국이나 영국이 먼저 원자폭탄을 보유해야 한다는 인식이 과학자들 사이에도 있었다.

영국의 총리 윈스턴 처칠Winston Churchill은 1940년부터 원자폭탄 개발을 논의하는 모드위원회MAUD를 만들어 개발을 검토하게 했다. 그러나 당시 세계대전의 격전지인 유럽을 피해 미국에서 개발이 진행돼야 한다는 주장이 많은 이들의 동의를 얻으면서 미국을 설득하려는 시도가 이어졌다.

헝가리 출신으로 미국으로 망명한 물리학자이자 핵분열 연쇄 반응을 발견한 레오 실라르드Leo Szilard는 1939년 여름, 아인슈타인을 설득해 루스벨트 대통령에게 직접 폭탄 개발을 서둘러 줄 것을 촉구하는 편지를 써서 전달하도록 하기도 했다. 이렇게 많은 사람들이 동분서주한 끝에 루스벨트 대통령이 당시 레이더를 비롯한 전쟁 무기 개발을 총괄하고 있던 NDRC 아래 원자폭탄 개발을 주도하는 우라늄위원회를 설치하도록 조치했지만 정작 관련 예산은 겨우 6,000달러(한화 약

800만 원) 남짓 배정했을 정도로 매우 소극적이었다.

그러던 중 미국이 국가 차원의 원자폭탄 개발을 결심하게 된 직접적인 사건이 발생했다. 1941년 12월 7일 일본이 미국 하와이의 진주만을 공습하면서 이제 더 이상 세계대전의 방관자로 남을 수 없다고 판단하게 된 것이었다. 위정자들의 이런 각성은 곧 맨해튼 프로젝트를 출범시키는 직접적인 계기가 됐다.

아인슈타인은 양자역학적 세계를 부정하며 "신은 주사위 놀이를 하지 않는다."라고 말했다. 또한 죽기 1년 전 지인에게 보내는 편지에 "나는 인생에서 한 가지 큰 실수를 저질렀다. 루스벨트 대통령에게 원자폭탄 개발을 권고하는 편지에 서명한 것이다."라고 적었을 만큼 핵무기 탄생을 크게 우려했다. 하지만 그러면서도 독일인이 먼저 만들었다면 더 큰 재앙이 닥쳤을지 모른다는 데는 동의하지 않을 수 없었다.

19장

전쟁을
끝내다

오펜하이머의
맨해튼 프로젝트

"나는 이제 죽음이자,
세상의 파괴자가 됐다."

1941년 NDRC 주관으로 원자폭탄 개발 연구 승인이 떨어지고, 1942년 9월 이를 위한 맨해튼 프로젝트가 공식 출범했다. 암호명 '프로젝트 Y'로 명명된 맨해튼 프로젝트의 컨트롤 타워는 뉴멕시코 주 사막 한가운데 로스앨러모스에 세워졌다. 그럼에도 불구하고 맨해튼이라는 이름이 붙은 것은 당시 프로젝트의 총괄 업무를 맡은 미국 공병부가 맨해튼에 있었기 때문이었을 것이다.

이 프로젝트의 총 책임자는 1942년 9월 카리스마와 리더십으로 무장한 육군 공병 대령 레슬리 그로브스Leslie Groves였다. 군사책임자 OMOperational Manager으로 임명돼 핵무기 개발을 책임지게 된 그로브스는 주변의 만류에도 불구하고 핵무기 연구를 이끌어 줄 과학자를 물색하면서 로버트 오펜하이머Robert Oppenheimer를 찾아갔다. 괴팅겐 대학교에서 유학하며 양자물리학을 공부하고 미국으로 돌아와 버클리 대학교 부교수가 된 서른여덟의 젊은 물리학자였던 오펜하이머는 그때 공산주의자로 의심받고 있었다. 하지만 그로브스는 그의 능력을 믿었고, 결국 오펜하이머는 이 프로젝트의 기술총책임자 TM Technology Manager을 맡았다. 그로브스가 군을 대표해 프로젝트를 진두지휘하는 일인자였다면 오펜하이머는 연구 개발을 책임지는 과학 보좌관이었다. 둘은 프로젝트 기간 내내 갈등하기도 했지만 기본적으로 그로브스가 오펜하이머를 꽤 신뢰하고 존중했다고 알려져 있다. 오펜하이머를 시작으로 닐스 보어Niels Bohr, 존 폰 노이만Johann von Neumann, 리처드 파인먼Richard Feynman 등 당대 내로라하는 과학자들이 이 프로젝트에 함께했다.

1942년부터 1946년까지 약 4년 동안 수행된 맨해튼 프로젝트는 투입 예산 20억 달러(현재 가치 한화 약 45조 원), 총 고용 인원 13만 명으로 단일 규모 최대의 초거대 사업이었다. 맨해튼 프로젝트의 주요 연구지였던 로스앨러모스 연구소는 연구소라기보다는 하나의 마을이었다. 입구에 "여기서 본 것, 한 것, 들은 것은 나갈 때 모두 여기에 두고 가야 합니다."라고 쓰여 있었을 만큼 보안이 생명인 프로젝트였기 때문에 이 연구소에는 과학자들과 그

레슬리 그로브스(왼쪽)와 로버트 오펜하이머

로스앨러모스 연구소의 테크 지역 전경

의 가족까지 6,000여 명이 프로젝트 기간 내내 함께 기거했다. 심지어 전체 프로젝트 목표와 규모는 대통령 외 몇몇 지휘부 군인과 과학자들만의 철저한 비밀 속에 있어서 루스벨트 대통령이 서거하고 1945년 4월 부통령이었던 해리 트루먼Harry Truman이 33대 대통령으로 취임한 뒤에 맨해튼 프로젝트를 처음 보고받고는 기절할 정도로 깜짝 놀랐다고 한다.

그렇다 보니 로스앨러모스 연구소 밖에서는 연구 진행이 쉽지 않았다. 그럼에도 불구하고 시카고 대학교를 포함해 미국 전역의 여러 대학교와 기업 연구소 등에 있는 각 분야 최고의 과학자들이 비밀리에 이 연구에 참여했다. 원자의 핵분열 과정에서 발생하는 엄청난 양의 에너지를 증명해 낸 물리학자 엔리코 페르미Enrico Fermi, 핵분열 연쇄 반응을 발견한 실라르드 등 대부분이 노벨상 수상자 반열에 오를 수준의 과학자들이었다.

이미 원자폭탄 개발의 중요한 이론적 결과들이 나와 있긴 했지만 이론만큼 위력을 가진 폭탄을 실제로 완성시키기까지는 단기간에 해야 할 일들이 너무 많았다. 원자폭탄의 재료가 되는 우라늄 동위원소 U235를 어떻게 단기간에 대량 추출할지, 또한 우라늄보다 성능은 좋지만 제어하기 어려운 플루토늄 Pu239를 어떻게 재처리하고 추출해서 투하 전까지 터지지 않는 원자폭탄으로 생산할 수 있을지 등 쉬운 일이 하나도 없었다. 사업 총예산 중 약 90퍼센트가 우라늄과 플루토늄 원료 추출 공장과 원자로 건설 등 제조 공정에 투입됐고, 실제 개발과 조립에는 10퍼센트 정도의 예산만 쓰였을 정도로 실제 제조를 위해 해결해야 할 기술적·공학적 난제들이 산적해 있었다.

먼저 U235를 추출하기 위해 테네시 프로젝트 댐 건설로 전력이 풍부했던 테네시 주 오크리지에 거대 공장이 세워졌다. 초대형 입자가속기(사이클로트론)*도 설치됐다. 입자가속기를 작동시키기 위해서는 핵심 부품인 전자기석을 감는 금속 코일이 대거 필요했는데 군수 물자 제조가 활발하게 이루어지던 시기였기 때문에 구리를 확보하는 일도 만만치 않았다. 이에 대한 대체재로 생각해 낸 게 순은이었다. 무려 1만 3,000여 톤의 순은이 여기에 사용됐다.

---

* 수소나 헬륨 같은 가벼운 원자 이온을 가속시켜 원자핵을 쪼개고 인공 방사능을 일으키는 데 사용하는 장치다.

트리니티 시험 현장

　폭탄 제조와 생산에는 기업들도 함께했다. 15장에서 소개했듯 특히 듀폰은 워싱턴 주 리치랜드 핸포드에 플루토늄 추출 원자로 공장을 건설하고 수만 명을 고용해 폭탄 생산에 일조했다. 나일론이라는 희대의 성공작을 만들어 냈던 듀폰은 그때 활용해 정착시킨 산업 연구 개발 관리 모델을 플루토늄 폭탄 제조 생산 공정에도 적용하며 이후 보다 거대한 군수 기업이 됐다.

　이런 다방면의 노력 덕분에 공식 출범 후 채 3년이 되지 않았을 때 우라늄 폭탄Little Boy 한 기와 플루토늄 폭탄Fat Man 두 기가 완성됐다. 이 중 플루토늄 폭탄 한 기는 1945년 7월 16일 미국 뉴멕시코 주 사막에서 누구도 장담하지 못한 상태로 진행된 최초의 원자폭탄 실험 트리니티 시험에 사용됐다. 실험은 성공적이었다. 노력의 결실을 본 것은 기쁜 일이었지만 놀랄 만한 파괴력을 막상 눈앞에서 확인하고 나니 일부 과학자들은 불안해지기 시작했다. 원자폭탄 실험에 성공한 뒤에 오펜하이머도 "나는 이제 죽음이자, 세상의 파괴자가 됐다."라고 말했다고 한다. 이 불안감을 다스릴 새도 없이 3주 뒤인 8월 6일과 8월 9일 나가

히로시마 원자폭탄 투하 후 생긴 버섯구름

사키와 히로시마에 각각 플루토늄 폭탄과 우라늄 폭탄이 투하됐다. 그리고 1946년 말 맨해튼 프로젝트가 공식 종료되면서 4년여에 걸친 인류 최초 핵무기 개발의 숨 막히는 드라마는 일단락됐다.

이 초대형 프로젝트의 성공 뒤에는 최고 책임자들의 뛰어난 리더십이 있었다. 오펜하이머는 이 프로젝트를 통해 천재 물리학자로서의 능력뿐 아니라 현대 과학자가 갖춰야 하는 필수 덕목인 관리자와 행정가로서의 뛰어난 면모를 여지없이 보여 줬다. 보안 중심의 원칙하에 있던 로스앨러모스에서는 과학자들끼리도 가급적 접촉하지 않은 채극히 제한적인 정보만 공유할 것을 요구받았다. 이런 운영 방침 때문에 과학자들과 그로브스 장군 등 군사 지휘관들 사이에 갈등이 발생할 수밖에 없었는데 그때 오펜하이머는 적절히 균형감을 맞추며 타협점을 찾았다. 또한 과학자들 간 효율적인 역할 분담 체계 속에서도 자유로운 토론과 개방적 정보 공유 환경 및 방식을 지켜냈기에 이들은 최단 기간에 최대 성과를 얻을 수 있었다.

원자폭탄 개발 막바지였던 1945년 5월 8일 독일이 항복했다. 히틀러의 통제를 받던 베르너 하이젠베르크Werner Heisenberg 등 독일 과학자들의 태업 때문이었는지, 실제 원자폭탄을 중요하게 생각지 않았던 히틀러의 판단 실수 때문이었는지는 이견이 있지만 히틀러가 핵무기 개발에 집중하지도, 괄목할 만한 진척을 이루지도 못했다는 사실이 밝혀졌다. 이에 미국 대통령을 설득시키면서까지 독일에 앞서 핵무기 개발을 해야 한다고 촉구했던 아인슈타인을 비롯한 과학자들은 망연

자실할 수밖에 없었다.

뒤늦게 과학자들이 원자폭탄 개발을 멈추기 위해 정치인들을 만나러 쫓아다녔지만 계획을 멈추기에는 역부족이었다. 과학자들은 무기 개발을 앞당길 수는 있었지만 무기 사용에 관한 결정권은 없었다. 실제 연구에 참여했던 상당수의 과학자들은 이후에도 이에 대한 죄책감을 지울 수 없다고 말한다.

더 이상의 인명 손실을 막고 일본의 항복을 앞당기기 위해서였다는 명분에도 불구하고 미국 위정자들의 원자폭탄 투하 결정은 현재까지도 미국 역사상 최대 오점으로 남아 있다. 투하 사진을 선명하게 얻기 좋으면서 그동안 전쟁 피해가 거의 없던 일본의 주요 도시 중심부만 투하 목표로 삼았기에 희생자 대부분이 민간인이었다는 점도 비판받는 부분 중 하나다. 원자폭탄 투하 후 1년 내 민간인 20여 만 명이 죽었고, 이후에도 100만 명 정도가 지속적인 후유증에 시달렸다. 전문가들은 이를 두고 전후 핵무기 독점과 그에 따른 군사 패권국 지위 독점을 위한 위정자들의 어쩔 수 없는 결정이었을 것이라고도 말한다.

원자폭탄 투하 이후 국방과 군사 전략은 새로 쓰였다. 상대보다 더 강력한 핵전력을 개발하고 보유함으로써 압도적인 군사 억제력을 가져야 한다는 미국의 1차 상쇄 안보 전략이 등장한 것이었다. 이로써 미국과 소련 강대 패권국 간 핵무기 경쟁과 냉전 시대가 도래하게 됐다. 핵 보유국을 중심으로 하는 국제 정치 지형은 이렇게 만들어졌다.

우리나라에서 핵무기의 의미는 남다르다. 우선 우리는 세계에서 가장 위험한 핵의 위협을 일상적으로 지고 살고 있다. 또한 인류가 유일하게 경험한 1945년 원자폭탄의 직접 피해자 중 일본과 중국에 이어 우리나라가 세 번째로 많은 국민을 잃었다. 강제 동원으로 현지에 거주 중이었던 약 3만 5,000여 명의 사망자를 포함해, 7만 명가량의 국민이 원자폭탄에 의해 희생당한 것으로 알려져 있다. 또한 이후 수소폭탄이 개발되고, 미국과 소련 간 경쟁이 벌어진 직접적인 명분과 계기가 1950년 6·25전쟁의 발발이기도 했다는 점에서 핵무기 역사와 우리나라의 관계는 상당히 밀접하다.

2023년 스웨덴 싱크탱크 스톡홀름 국제 평화 연구소Stockholm International Peace Research Institute, SIPRI가 공개한 연감年鑑에 따르면 냉전 이후 핵무기 감축을 위한 세계적인 노력에도 불구하고 2023년 기준 북한을 포함한 아홉 개 나라가 약 1만 2,500기의 핵탄두를 보유하고 있다. 이 중 약 9,600여 기는 언제든 군사적으로 사용될 수 있는 비축 상태이며, 재고도 매년 꾸준히 증가하고 있다. 그중 90퍼센트가 미국과 러시아의 보유량이지만, 북한도 현재까지 30기를 보유하고 있고 향후 50~70기의 핵탄두를 조립하기에 충분한 핵물질을 가진 것으로 추정돼 현실적으로도 심각한 위협이 되고 있는 상황이다. 북한 외에도 러시아와 중국 등 전 세계 총 핵탄두의 약 60퍼센트 가까이가 우리나라 주변을 둘러싸고 있다. 우리는 지금 전 세계에서 핵탄두 밀도가 가장 높은 지역에서 살고 있는 것이다. 그럼에도 불구하고 핵 위협에 대한 우리의 현실 인식 수준은 너무 경미하지 않은지 돌아볼 필요가 있다.

20장

뜨거운 전쟁에서
차가운 전쟁으로

냉전 시대 둑스와
맥마흔법

> "원자력 연구 지식은 인류의 이익을 위해
> 전 세계와 공유되어야 합니다."

1945년 8월 9일 원자폭탄이 투하되고 모든 게 끝난 줄 알았다. 하지만 집단적 탄식과 후회, 저주와 절망의 소리로 가득한 2막이 시작되고 있었다.

맨해튼 프로젝트의 3년 남짓한 기간에 벌어진 일련의 사건이 인류 전체에 미친 영향은 실로 어마어마한 것이었다. 미국이 지금까지 세계 최고 패권국 지위를 고수하고 있는 것도 이 3년이 있었기 때문이라고 할 수 있다.

맨해튼 프로젝트가 미국 과학계를 넘어 미국 사회, 그리고 더 나아가 전 세계에 미친 의미를 정리해 보자.

첫째, 맨해튼 프로젝트는 국가 주도하에 산학연이 일사불란하게 움직인 군사 작전이었다. 세계대전 중이긴 했지만 미국은 전쟁 당사국이라기보다 파병을 한 참전국이었다. 그럼에도 불구하고 미국은 엄청난 국가 예산과 인적 자원을 맨해튼 프로젝트에 동원했다. 하지만 투자 비용이 아깝지 않을 만한 보상을 받았다. 핵무기 독점을 선도함으로써 전후 최강의 군사 대국으로 국제 안보 질서를 좌우하는 데 있어 가장 유리한 입장에 섰고, 모든 면에서 세계 최강 패권국의 지위를 얻게 됐다.

둘째, 과학자들이 국가 주도 아래 무기체계의 개발과 생산에 본격적이고 체계적으로 활용되기 시작했음을 알리는 이정표였다. 비록 이 과정에서 진리를 탐구하기 위해 과학을 연구하는 과거 과학자들의 모습은 옅어졌지만 국가의 필요에 의해 기획된 임무 지향적 연구 개발 사업에 참여해 성과를 내는 현대 과학자, 그리고 과학 기술 개발자의 정체성이 형성됐다. 이런 차이로 인해 오늘날의 과학자들은 과거의 과학자들과 본질적으로 구분된다. 본래 과학 연구와 활동은 탐구와 발견을 통해 얻은 정보와 지식을 공개함으로써 동료 집단의 검증을 받고, 과학자로서의 권위를 인정받는 것이 일반적이었다. 그리고 그렇게 검증된 과학 지식은 특정 집단과 국가보다는 인류 전체의 공동 유산이 됐다. 물론 오늘날에도 과학자의 연구 결과를 공개하지만 발명 지식과 성과의 경우 독점적 소유를 인정받기도 한다. 특히 국가적·군사적 목적의 연구 개발 사업에 투입된 경우 그 과정에서 얻은 대부분의 전문 지식들은 공개하지 못하고 국가나 소속 기업에 의해 통제되거나 비밀에 부쳐야 하는 경우가 많다. 이럴 때 과학자들은 상당한 내적

갈등과 심리적 어려움에 처하게 된다. 맨해튼 프로젝트의 과학자들이 겪었던 혼란 역시 국가에 의존한 현대 과학 기술의 본질적 속성에서 비롯된 것이었다. 이는 오늘날 군사 과학 기술에 참여하는 과학 기술자들이 겪는 원천적 어려움이기도 하다.

셋째, 성공적인 무기 개발을 위해서는 국가 자원 투입, 과학자의 연구 활동 외에도 공학 및 제조 등 기업의 산업적 기반과 역량이 필수적임을 보여 줬다. 전쟁 발발의 최대 수혜자이자 전후 과도한 군비 경쟁을 유발시켰다는 이유로 방산 기업 주축의 군·산·학 복합체에 대한 윤리적 논란이 있기는 하지만 목적 달성 여부와 성과만 봤을 때 맨해튼 프로젝트는 민관군·산학연의 총체적 역량이 얼마나 중요한지 인식시켰다. 동시에 프로젝트 성공이 전후 미국이 과학기술의 메카로서 명성을 얻을 수 있었던 한 요인이었던 것처럼 잘 기획된 거대 프로젝트가 민관군·산학연 생태계 조성과 활성화에 크게 기여할 수 있다는 점도 드러났다.

또한 맨해튼 프로젝트는 일반적인 과학 연구 개발 활동도 무기 개발 사업처럼 과학자들의 개인 연구 역량을 넘어서 과학자·기술자·공학자 또는 산업 인력이 함께 참여하면서 거대 국가 자본과 산업 기술 역량이 동시에 투입되고 뒷받침되는 현대 거대과학의 특성을 갖추기 시작했음을 알렸다. 초기 과학자들의 기초 연구 과정에서 우라늄 분리와 플루토늄 추출에 사용되기 시작했던 실험실형 입자가속기는 입자 물리학과 응용 분야 발전에 필수적인 초거대 입자가속기로 진화, 발전했다. 이는 도구와 시설, 운영에만도 엄청난 인력과 천문학적인 자금이 투입되는 현대 거대과학의 모습과 특징을 가장 잘 보여 주는 사례다.

끝으로 맨해튼 프로젝트를 기점으로 무기가 미치는 영향력이 이전에 비해 질적으로 변화했음이 드러났다. 이전까지 모든 무기는 대체로 전쟁이 끝나고 나면 전쟁 기간만큼의 위력을 발휘하지 못했다. 하지만 핵무기는 전후에도 막강한 힘과 영향력을 끼치는 인류 최초의 무기가 됐다. 이제 핵을 어떻게 관리, 운영해야 하는지가 미국뿐 아니라 국제 사회의 최대 이슈로 떠올랐다.

원자폭탄을 비롯해 2차 세계대전은 인류에게 빅뱅이었다. 막대한 군사적 물리력이 직접 충돌하는 열전hot war이었던 세계대전이 막을 내리면서 세계는 무기를 사용하지 않더라도 전쟁과 무기의 잠재적 위협만으로 대립하고 충돌하는 침묵의 냉전cold war 시대로 급속하게 빨려 들어갔다. 세계대전 이후 국제 정치는 미국을 중심으로 한 자유주의 진영과 소련을 중심으로 한 공산주의 진영으로 양분되면서 극강의 대립과 갈등이 동력이 되는 냉전 시대로 돌입했다. 그렇게 힘의 논리와 균형의 원칙으로 과거 이해관계에 따라 피아彼我가 구분됐던 연합 전선과 대립 전선이 새로운 전선으로 빠르게 교체됐고 절대 강국의 주인공이 바뀌는 전환기에 접어들었다.

이런 미국과 소련 양극 체제 형성의 주요 계기는 역시 당대 최고의 과학 기술이 농축된 핵무기 개발과 투하였다. 핵무기는 미국과 소련 모두에게 군사 패권국의 지위를 보장해 줄 수 있는 치트키가 됐다. 이처럼 과학 기술이 기반이 되는 무기의 출현 자체가 전쟁을 넘어 세계 질서를 변화시키는 변수였다.

그때부터 핵무기 독점을 향한 미국의 집요한 노력이 시작됐다. 미국은 이미 맨해튼 프로젝트 초창기부터 그로브스의 주도로 전 세계 우라늄 광석 매장량의 90퍼센트 이상을 확보해 왔고, 중성자를 배출하는 폭탄의 주요 재료인 중수소도 충분히 비축해 놓은 상태였다. 하지만 소련도 이에 지지 않았다. 소련은 자국의 영향력 아래 있는 동독과 폴란드 등 동부 유럽 국가들을 통해 서둘러 우라늄 원석을 확보했다.

사실 핵 독점을 지속하려는 미국과 이를 깨고자 하는 소련 사이에 숨 막히는 정보 전쟁은 2차 세계대전 중에 이미 벌어지고 있었다. 정치적 진영의 문제는 보안과 감시가 철저했던 로스앨러모스 연구소에서도 발생했다. 프로젝트를 이끌었던 오펜하이머조차 정치사상에 대해 끈질긴 의심을 받았지만 진짜 스파이는 따로 있었다. 맨해튼 프로젝트 당시 로스앨러모스 연구소에서 플루토늄의 핵분열 에너지를 계산하는 중요한 임무를 수행하고 있던 독일 출신 영국인 물리학자 클라우스 푹스Klaus Fuchs였다.

클라우스 푹스

독일에서 태어난 그는 1932년 독일

공산당에 가입하고, 공산당 탄압을 피해 영국으로 넘어와 영국의 핵 개발 프로젝트인 '튜브 앨로이스'에 참여했다가 해당 프로젝트가 맨해튼 프로젝트로 넘어오면서 로스앨러모스에 합류하게 됐다. 그는 플루토늄 폭탄의 내파법을 비롯해 프로젝트 성공에 상당한 기여를 한 뛰어난 물리학자였지만 파시스트 나치를 무너뜨릴 수 있는 이상적 대안은 미국보다는 공산주의 소련이라고 믿었다. 또한 "원자력 연구 지식은 인류의 이익을 위해 전 세계와 공유되어야 합니다."라며 핵무기를 한 국가가 독점하기보다는 개발 정보와 능력을 여러 국가가 균형적으로 공유하는 것이 전후 세계 평화를 더 보장해 주리라는 이상적인 생각을 갖고 있었다. 그런 까닭에 그는 로스앨러모스 연구소에서 일하며 알

1949년 소련의 플루토늄 폭탄 시험 발사

게 된 원자폭탄 개발과 관련한 핵심 정보들을 소련에 넘겼다.

푹스뿐 아니라 광범위한 첩보망을 통해 핵무기 개발 정보를 얻게 된 소련은 마침내 1949년 1월 플루토늄 폭탄 시험 발사에 성공했다. 이처럼 소련이 단기간에 핵무기를 갖게 되기까지는 첩보 정보가 큰 도움이 됐다. 하지만 이는 이전에 소련 내 원자폭탄 제조에 필요한 기본적인 연구 개발과 제조 시스템이 어느 정도 갖춰져 있었기에 가능한 일이기도 했다.

1942년부터 국제 학계에서는 핵물리학 논문 발표가 급격히 줄었다. 이런 현상에 관해 과학자 사회에서는 미국 중심의 핵 개발 사업이 비밀리에 진행되고 있는 게 아닌가 하는 의심의 눈초리들이 있었다. 그때부터 소련도 이미 자체적인 원자폭탄 개발을 진행하기 시작했던 것으로 알려졌다. 하지만 독일과의 전쟁으로 온전히 연구에 집중하기는 어려웠다. 독일이 항복하고 얼마 지나지 않아 히로시마 원자폭탄 투하로 전쟁이 종결되자 비로소 당시 소련의 최고 지도자였던 이오시프 스탈린Joseph Stalin이 국가 총력전으로 원자폭탄 개발을 밀어붙였다.

맨해튼 프로젝트 팀만큼 세계 최고 물리학자들로 구성된 드림팀은 아니었지만 소련에도 이고리 쿠르차토프Igor Kurchatov 같은 최정상의 과학자들이 있었다. 쿠르차토프는 1939년에 핵분열 연쇄 반응과 원자로 설계에 관한 이론을 발표한 물리학자다. 소련에 갖춰져 있던 산업적 토대 위에 펼쳐진 전체주의 국가 특유의 추진력은 상상 이상이었다. 소련은 사로프에 로스앨러모스와 같은 비밀 연구소를 세웠고, 미국이

1943년 테헤란 회의에서 이오시프 스탈린, 프랭클린 루스벨트, 윈스턴 처칠(왼쪽부터)

우라늄과 플루토늄 농축을 위해 핸포드와 오크리지에 입자가속기와 원자로 등 거대 시설과 공장을 만든 것처럼 아톰그라드라고 부르는 비밀 도시를 아홉 개 이상 건설했다. 그렇게 국가 차원의 노력을 쏟아부은 결과 소련도 결국 플루토늄 폭탄 실험에 성공했고, 미국은 핵 독점에 실패했다.

히로시마 원자폭탄 투하로 2차 세계대전이 종결되면서 미국 내 가장 큰 이슈는 핵무기 운영과 관리를 어떻게 할 것인가였다.

히로시마 원자폭탄을 목도한 이후 상당수의 과학자들은 자신들의 손으로 대량 살상 무기를 만들었다는 자책감과 죄책감에 시달렸다.

그들은 원자력이 군사적으로 사용되지 않게 하기 위해 군부가 아닌 민간 주도로 비군사적 목적의 연구 지원이나 활용을 통제하는 의사 결정 시스템을 만들어야 한다고 주장했다. 그리고 이를 입법으로 관철하기 위해 정치인들을 설득하는 등 여러 방향으로 분주히 움직였다.

버니바 부시와 화학자 제임스 코넌트James Conant 등의 과학자들이 입법을 위한 초안을 작성했다. 이 초안에는 산업과 의학 등 비군사 목적의 원자력도 같이 연구하고, 민간과 군부가 함께 원자력 활용에 관한 의사 결정을 논의하는 기구를 만들자는 내용이 포함됐다. 이런 노력에 힘입어 1945년 12월 상원의원이자 원자력특별위원회 위원장이었던 브라이언 맥마흔Brien McMahon이 원자력을 민간 주도 방식으로 평화적으로 활용하자는 내용을 골자로 한 법안을 제출했다. 하지만 당시 상황은 과학자들의 이상적인 바람이 실현되기 어려운 방향으로 흘러갔다.

법안 논의가 한창이던 1946년 초 캐나다를 통해 소련에 원자폭탄 개발 정보를 넘겼거나 넘기려는 시도가 발각됐다는 뉴스가 미국 정계를 흔들자 전후 위정자들은 맥마흔 법안을 그대로 통과시킬 수 없었다. 결국 이 법안은 보수파들에 의해 수정됐고 1946년 8월 통과된 최종 법안에는 '군사 용도뿐 아니라 공공복지 증진의 이중적 목적에서 원자력 연구를 지원하고 이용해야 하며, 이를 위해 의회 동의로 대통령이 임명하는 민간 주도 전미 원자력위원회Atomic Energy Commission, AEC를 구성한다.'라고 명시됐다. 이렇게 세계 최초로 미국의 원자력 개발과 통제 시스템이 갖춰졌고, 흔히 '맥마혼법'이라고 불리는 '1946년 원자력법'이 발효됐다.

원자력의 평화적 연구와 발전을 보장하는 이 법의 긍정적인 측면에도 불구하고, 법안에는 이를 저해하는 조항들도 동시에 포함됐다. 특히 모든 핵 개발 정보는 기밀로 지정돼 매우 엄격하게 군부와 정보기관의 통제를 받는 것으로 명시됐다. 실제 위원회 조직 구성과 권한 부여 측면에서도 군부가 강한 영향력을 행사하는 근거가 마련됐다. 군사 목적의 핵 확산 금지와 원자력의 완전한 비군사적 · 평화적 이용을 꿈꿨던 과학자들은 '반쪽짜리' 법안에 만족할 수밖에 없었다.

강력한 핵 개발 정보 제한 규정을 포함한 맥마혼법은 과학자 사회의 분열뿐 아니라 핵 통제에 관한 국제 사회의 균열을 가져왔다. 핵무기 연구 정보를 철저히 비밀로 해야 한다는 조문은 미국의 핵 독점을 보장하는 법적 장치로 활용됐고, 미국의 원자폭탄 개발을 강력히 지원했던 영국 등의 우방국들조차 정보를 공유받지 못했다. 여기에 불만을 품은 여러 나라들은 자체 핵 개발을 서둘렀다. 원자력의 평화적 사용을 위해 만든 법이 역으로 세계에 핵무기 개발을 가속화시킨 셈이었다.

일차적으로 영국은 푹스와 같은 자국 출신 과학자들을 귀국시켜 핵 개발에 주도적인 역할을 담당하게 했다. 그렇게 영국으로 돌아가 핵 개발을 이어가던 푹스는 모국의 정보기관 MI5(현재 MI6)에 의해 맨해튼 프로젝트 때부터 소련 정보원이었다는 사실이 발각돼 14년간 복역했다. 그리고 출소 후에는 동독으로 귀화해 중국의 핵 개발을 도왔다.

핵무기가 한 나라에 독점돼서는 안 된다고 믿었던 푹스는 자신의 신념에 따른 선택이었는지 결과적으로 무려 네 개 나라의 원자폭탄 개발에 참여했다. 그렇게나마 미국의 핵무기 독점을 무너뜨리긴 했지만 그의 행적에 대해서는 논쟁의 여지가 있다.

원자력의 평화적 이용을 보장하기에 불완전했던 맥마흔법은 긴 여정을 거쳐 1954년 아이젠하워 대통령의 '평화를 위한 원자력 프로그램'에 따라 민간 주도의 원자력 에너지 개발을 촉진하는 방향으로 진일보했다.

당시는 푹스만큼 열성적이지는 않더라도 오펜하이머와 같은 과학자를 비롯해 상당히 많은 진보적 지식인들이 파시스트 나치에 반대해 사회주의와 공산주의 사상을 받아들이고 있던 상황이었다. 2차 세계대전 때 소련은 연합군의 일원으로 함께 독일과 치열한 전투를 벌이고 있었기 때문에 미국의 핵 독점이 깨지게 된 과정에 관해 지금의 잣대로 당시 개인의 판단과 상황을 재단하기보다는 역사적 맥락과 상황을 다면적으로 이해할 필요가 있다.

21장

핵이 만든
또 다른 무기

텔러의 수소폭탄

"오펜하이머는 미국에
충성하지 않았습니다!"

현재까지 인류가 만들어 낸 최강의 무기는 누가 뭐라 해도 핵무기다. 핵무기에도 여러 종류가 있다. 지금까지 원자폭탄에 대해서만 이야기했지만 크게는 핵분열형의 원자폭탄, 핵융합형의 수소폭탄(열핵폭탄)으로 나눌 수 있다. 원자폭탄이 원자핵을 쪼갤 때 발생하는 에너지를 이용한 것이라면 수소폭탄은 융합하면서 발생하는 에너지를 이용한다.

핵이 융합될 때 에너지를 발생할 수 있다는 걸 처음 발견한 건 맨해튼 프로젝트에서 이론물리 부분을 담당하던 독일 태생의 미국 물리학자 한스 베테Hans Bethe였다. 그는 수소원자핵이 융합해 헬륨핵으로 바뀔 때 나오는 에너지가 태양의 에너지원이라는 '핵융합 이론'을 제시했다. 이 이론은 누구보다도 맨해튼 프로젝트를 함께하고 있던 물리

학자 에드워드 텔러Edward Teller를 매료
시켰다.

에드워드 텔러

우주에 가장 많은 원자인 수소는 하
나의 원자핵과 하나의 전자로 이뤄져
있다. 대개는 하나의 원자핵에 양성자
와 중성자가 하나씩 있지만, 중성자가
하나 더 있는 중수소, 두 개 더 있는 삼
중수소 같은 동위원소들이 존재한다.
중수소는 자연계에서 5,000개 중 하
나, 삼중수소는 10억 개 중 하나 정도
일 만큼 매우 희귀한데 이들은 특정 조건에서 반응성이 매우 좋아 헬
륨핵으로 융합되면서 폭발적인 에너지를 방출한다. 바로 이 에너지를
폭탄으로 만든 것이 수소 핵융합 폭탄, 즉 수소폭탄이다.

그러나 중수소는 자연계에 워낙 소량이라 이를 농축하기 쉽지 않
고, 농축된 중수소도 수천만 도의 온도와 고압이 보장되지 않으면 쉽
게 핵융합 반응을 일으키지 않는다. 자연계의 우라늄 원자 중 0.7퍼센
트밖에 없는 우라늄 동위원소 U235를 농축시켜 원자폭탄 원료로 사
용했던 것처럼 중수소를 농축해 수소폭탄의 원료로 써야 한다. 그리
고 이렇게 농축한 원료를 핵융합하려면 수천만 도에 이르는 고온과 고
압 조건을 만들어야 한다. 이처럼 어려운 여정이지만 텔러는 핵분열
폭탄보다 수소 핵융합 폭탄이 더 효과적이라고 생각했다.

헝가리의 부유한 유대인 가정에서 태어나 독일에서 공부한 텔러는 미국으로 망명했지만 어린 시절 경험 때문에 강한 반공주의 성향을 갖고 있었다. 이 때문에 맨해튼 프로젝트에서 사사건건 오펜하이머와 충돌했다. 그럼에도 불구하고 오펜하이머는 텔러가 수소폭탄 이론 연구를 계속 할 수 있도록 보장해 줬다.

2차 세계대전이 끝나고 핵무기 개발과 운용을 둘러싸고 과학자 사회의 분위기는 둘로 나뉘었다. 하나는 앞에서 여러 차례 언급했듯이 핵무기 개발을 저지하기 위한 움직임이었다. 원자폭탄 투하 이전부터 맨해튼 프로젝트의 성공을 예감한 일부 과학자들은 고뇌에 빠졌다. 그리고 1945년 5월 독일이 항복하면서 히틀러가 핵에 그리 관심이 없었다는 사실이 드러나고, 일본의 패색이 짙어질 무렵부터는 이전까지 원자폭탄 개발을 촉구했던 실라르드도 뜻을 같이하는 몇몇 과학자들과 함께 원자폭탄 투하를 막기 위해 백방으로 뛰어다녔다. 하지만 그런 노력에도 불구하고 원자폭탄의 잠재력과 위력을 깨달은 국가 내 최고 의사 결정자들과 면담조차 하기 어려웠다.

다음으로는 1945년 6월 시카고 대학교에서 세계 최초의 원자로를 만들어 핵분열 연쇄 반응을 성공시켰던 금속학 연구소 소속의 과학자들이 움직였다. 그들은 원자 충돌에 관한 법칙으로 노벨상을 수상한 제임스 프랑크James Franck를 중심으로 〈원자폭탄의 사용이 현명한 선택인가〉라는 보고서를 작성해 발표하면서 원자폭탄 투하를 반대하는 과학자들의 청원서를 대통령에게 건의했다. 하지만 당시 오펜하이머가 이들의 집단 행동에 로스앨러모스 과학자들의 참여를 금지해 보고서는 대통령에게 전달조차 되지 못했다. 결국 이들의 노력은 무위로 돌아가고 말았다. 그러나 이들은 핵 확산 방지와 국제적 통제체제 구축을 목적으로 미국 과학자 연맹을 결성하고 《원자과학자 회보》를 출간하는 등 활동을 지속했다.

하지만 그 반대편에는 원자폭탄으로 무기 개발의 효과를 확인한 워싱턴의 정치인들로부터 엄청난 예산과 지원을 약속받고 활발하게 핵무기를 개발하는 과학자들도 있었다.

평화적인 핵 개발이 필요하다고 목소리를 높이던 과학자들의 말처럼 핵도 평화롭게 이용될 수 있을까? 핵, 즉 원자력의 평화적 사용의 대표적인 사례는 원자력 발전이다. 우라늄과 플루토늄 같은 방사성 원자핵이 분열되면서 나오는 엄청난 양의 에너지를 한꺼번에 터지게 해서 극도의 파괴력을 발휘하도록 만든 무기가 핵폭탄이라면, 동일한 핵분열 물질을 원자로에 가둬서 그 중심 온도를 낮추고 핵분열 연쇄 반응 속도를 조절함으로써 통제 가능할 정도의 낮은 레벨의 에너지를 지속적으로 얻어 전력 생산 등 원하는 용도로 이용하는 것이 원자력 발전의 원리다.

이처럼 핵에너지의 연쇄 반응 속도를 조절해 에너지원으로 이용할 수 있게 해 주는 장치인 원자로 또는 핵 반응로는 이탈리아 출신 미국 물리학자 페르미에게서 출발했다. 2차 세계대전 직전 이탈리아에서 미국으로 망명해 시카고 대학교에 자리를 잡았던 페르미는 맨해튼 프로젝트에 참여하면서 1942년 세계 최초의 핵 반응로인 시카고 파일 1호기를 설계, 구현하는 데 성공했다. 그가 '원자폭탄의 설계자'라고 불리는 것도 이런 이유였다. 하지만 그런 그 또한 원자폭탄 투하 이후 오펜하이머와 함께 더 이상의 핵무기 개발과 확산에 반대하는 입장을 표명하고 핵에너지의 평화적 이용을 위한 원자로 개발을 지속했다.

원자력의 평화적 이용을 위해 설립한 AEC는 핵무기 개발과 관련한 결정 및 지원도 함께 담당했다. 하지만 여기에는 과학자보다는 군부의 입김이 셌다. 오펜하이머와 같은 과학자들은 AEC 본 위원회 위원이 아닌 부속 위원회인 일반 자문 위원회General Advisory Committee, GAC에 소속 된 자문 위원 정도로 역할이 한정됐다. 무기 개발의 선봉에 있었지만

1947년 뉴멕시코 주 산타페 공항에 도착한 GAC

운용에 있어서는 무력해질 수밖에 없는 현실을 뼈저리게 느낀 1세대 현대 과학자들이었다.

핵무기를 놓고 방향 설정에 혼란스러워 하던 차인 1949년 8월 소련이 플루토늄 원자폭탄 실험에 성공했다는 소식이 들리고 세계는 다시 긴장하기 시작했다. 미국 군부와 위정자들은 자국의 핵 독점 실패를 자인하며 더 강력한 조처를 해야 한다고 목소리를 높였다. 이에 과학자 사회의 분열은 더욱 가시화했다.

이런 분위기 속에서 입자가속기를 발명했지만 원자폭탄 투하 후에는 막연히 핵무기에 반대했던 어니스트 로런스Ernest Lawrence와 루이스 앨버레즈Luis Alvarez 등 상당수의 과학자들이 텔러와 같이 소련의 핵보다 더 강력한 폭탄을 개발해야 한다는 찬성파로 돌아섰다. 그렇다고 아인슈타인, 오펜하이머, 코넌트 등 반대파의 목소리가 사그라드든 건 아니었지만 그 힘이 예전 같지는 않았다.

1950년 초 트루먼 대통령은 결국 원자폭탄을 압도할 수 있는 수소폭탄 개발을 승인했다. 그리고 막 발발한 6·25전쟁은 냉전을 증폭시키면서 수소폭탄 개발을 가속화하는 직접적인 계기가 됐다. 그때부터는 텔러의 시대였다.

텔러는 일찍부터 원자폭탄보다 더 강한 핵무기를 개발해야 한다는 강성 주장으로 과학자 사회에서 소위 '왕따'를 당하고 있었다. 그랬던 그가 슈퍼 폭탄 개발을 주도하는 중심인물이 된 것이었다. 그는 1954년 열렸던 청문회에서 오펜하이머가 공산주의자로 몰리며 곤경을 치를 때

"오펜하이머는 미국에 충성하지 않았습니다."라고 그에게 절대적으로 불리한 증언을 하며 보안 허가를 내주어서는 안 된다고 말하는 등 일관된 강성 반공주의자였다.

텔러의 수소폭탄에 특히 관심을 보인 곳이 있었다. 미국은 2차 세계대전 당시 육군과 해군, 해병대 세 개 군 조직을 유지하고 있었다. 하지만 종전 이후인 1947년 육군의 항공대를 모체로 각 군의 항공대가 공군으로 독립했다. 이제 막 출발점에 서 있던 공군은 핵무기를 통해 군사력을 지배하려는 육군의 움직임을 확인하고 이를 견제할 만한 강력한 도구의 필요성을 느꼈다. 자군의 위상과 힘을 높이면서 원자폭탄을 견제할 가장 효과적인 도구로 선택한 게 수소폭탄이었다. 그렇

1952년 수소폭탄 마이크 시험 당시 모습

1962년 페르미 상*을 받고 소감을 말하고 있는 텔러

게 새로운 열핵폭탄인 수소폭탄을 지원하기로 하면서 텔러 주도의 수
소폭탄 개발 프로젝트 출범이 더욱 힘을 받았다.

수소폭탄 개발에는 캘리포니아 주 리버모어 연구소가 중심이 됐다.
이들에게 있어 최대 난제는 중수소와 삼중수소의 핵융합 반응이 가능
한 환경을 어떻게 만들 수 있는지였다. 1951년 텔러와 폴란드 출신의
미국 수학자 스타니스와프 울람Stanisław Ulam은 원자폭탄에 재래폭탄

---

* 핵 반응로를 만든 엔리코 페르미의 이름을 따서 1954년에 창설된 이 상은 원자력에
관한 공적을 남긴 사람에게 수여된다.

을 둘러싸서 내부 핵분열의 고온 조건을 만든 것처럼 원자폭탄을 둘러싸 터뜨리는 방식으로 중수소의 핵융합반응을 일으키는 설계 방식을 고안했다. 1952년 11월 1일 태평양 마셜 군도에서 텔러-울람 설계를 적용한 습식 수소폭탄을 지상에서 터뜨리는 실험이 진행됐고, 결과는 매우 성공적이었다. 이때부터 텔러는 '수소폭탄의 아버지'로 군림하기 시작했다. 텔러의 수소폭탄은 10메가톤 이상으로, 원자폭탄의 1,000배 이상의 위력을 가졌다. 이번에도 본격 연구를 시작한 지 3년도 채 안 되는 시점에 하나의 역사를 만들어 낸 것이었다.

1954년에는 폭격기에 탑재한 실전용으로 최초의 브라보 투하 시험에 성공했다. 그리고 1953년 건식 수소폭탄을 개발했던 소련도 1955년에 수소폭탄 실험에 성공했다. 이로써 인류가 거스를 수 없는 길을 가고 있다는 사실을 전 인류가 부정할 수 없게 됐다.

22장

육군 vs.
해군 vs.
공군

리코버의 핵 잠수함

원자폭탄 투하 이후 소란스러워진 건 과학계만은 아니었다. 핵무기 하나로 마치 세계를 제패한 듯 보였던 미국 군대 내부도 소란스럽기는 마찬가지였다.

미국 군대의 역사는 독립 전쟁으로 거슬러 올라간다. 1775년에 육군의 전신인 대륙군, 해군의 전신인 대륙해군, 그리고 대륙해병대를 만든 것이 군부 역사의 출발이었다. 그리고 2차 세계대전 직후인 1947년 국가안보법이 통과되면서 국방 분야 법제의 기틀이 잡혔다. 이 시기 내각의 부처로서 군정을 담당하는 국방부가 창설됐고, 동시에 대통령을 군사적으로 보좌하는 합참의장 직위와 합참의장을 보좌하는 군령 조직으로 참모조직이 구성됐다. 그전까지 육군, 해군, 해병대가 키웠던 각 군의 항공대 중 주로 육군 항공대가 공군으로 분리, 독립하면서 4군

체제가 자리를 잡으며 군부의 모습이 갖춰졌다.

미군의 역사는 각 군 간 피나는 경쟁과 반목, 그리고 개혁의 지난한 여정이었다고 해도 과언이 아니다. 창설 초기부터 경쟁 관계가 치열했던 육군과 해군에 새로 공군까지 더해지면서 경쟁 양상은 복잡다단해졌다. 게다가 군사 과학 기술과 핵무기를 비롯한 주요 무기체계 개발 및 운용 문제를 둘러싸고 각 군의 경쟁 논리와 입장이 달라지기 시작했다.

육군 공병대 소속 장군 그로브스가 주도한 맨해튼 프로젝트로 성공의 맛을 본 육군은 미국을 군사 패권국으로 영속시켜 줄 핵무기의 관리와 통제, 작전 운용 권한을 독점하기 위해 애썼다. 육군의 이런 시도를 경계하던 공군은 수소폭탄 개발을 자원하면서 육군과 직접적으로 경쟁하는 방법을 택했다.

공군이 이렇게 적극적으로 나오자 자군의 입지에 위기를 느낀 건 정작 해군이었다. 전통적으로 미국에서 해군은 미국 본토 전체의 안전을 지키는 국토의 수호군이라고 자부해 왔다. 세계대전을 거치며 이들은 연안군에서 대양해군으로 성장했고 그만큼 자부심과 우월감을 강하게 느끼고 있었다. 그러나 핵무기가 미군의 최고 전략 자산이 되면서 해군은 더 이상 미군을 대표하는 최고의 지위와 존재감을 유지할 수 없게 됐다. 그런데 이제 막 창설된 공군이 새로운 경쟁 구도에서 전략사령부를 중심으로 급격하게 존재감을 키워 가면서 해군의 불안은 더욱 커지게 됐다.

당시 공군은 원자폭탄의 위력을 훨씬 넘어서는 수소폭탄 개발 지원 뿐 아니라 핵무기를 투하할 수 있는 전략 폭격기 전력을 갖추고 있었는데, 비교적 저렴한 비용으로도 공중권을 압도적으로 지배하면서 핵무기를 운영할 수 있다는 논리를 내세워 자군의 핵전력 운영권 독점을 노리고 있었다. 이런 공군의 전략은 상당한 효과를 발휘했고, 육군뿐 아니라 해군과의 경쟁에서도 유리하게 작용했다. 해군은 의회로부터 장거리 전략 폭격기 획득 예산을 한 푼도 받을 수 없었으며, 새로운 항공모함인 유나이티드스테이츠 호의 구축 예산 획득을 둘러싸고 공군과의 대격돌에서도 패하면서 신형 항모 계획도 어쩔 수 없이 취소해야 했다.

최초의 대륙 간 전략 폭격기인 B-36은 개발되자마자 공군에 우선 배치됐고, 공군은 핵전략 자산에 점점 더 집착했다. 이렇게 핵 자산을

전략 폭격기 B-36

늘리면서 자군의 입지를 강화하고자 노력
하고 있던 공군에게 1949년 소련의 핵 실
험 성공 소식은 낭보에 가까웠다. 1950년
6 · 25전쟁의 발발로 수소폭탄 개발은 급
물살을 탔고 미 · 소 냉전 시대의 핵 경쟁
은 정점을 향해 달려갔다.

1954년 노틸러스 호에 탑승한
하이먼 리코버

핵 개발을 둘러싼 군별 경쟁에서 패색
이 짙어진 해군은 새로운 타개책을 찾기
로 했다. 원자로를 민수용으로만 활용할
것이 아니라 이를 장착한 원자력 추진 잠
수함 개발에 눈을 돌림으로써 핵무기 개발 역사의 주역이 되고자 한
것이었다. 해군의 자존심을 회복시켜 준 건 '핵 잠수함의 아버지'라고
불리는 하이먼 리코버Hyman Rickover 대령이었다.

러시아 제국 마코프에 태어났지만 어린 시절 미국으로 이주해 온 리
코버는 해군사관학교에 진학해 공학을 전공한 덕분에 상당한 기술적
전문성도 갖추고 있었다. 맨해튼 프로젝트의 연구소 중 하나였던 오
크리지 연구소에 파견돼 일하며 일찌감치 원자력의 잠재력을 깨달았
던 그는 그때부터 지속적으로 해군 전력에 원자력을 적용하는 방법에
대해 고민해 왔다. 그런 그가 생각해 낸 게 핵에너지를 추진력으로 활
용하는 핵 추진 잠수함이었다. 각고의 노력 끝에 당시 원자력 통제권
을 갖고 있던 AEC와 해군 지휘부를 설득하는 데 성공한 리코버는 핵

추진 잠수함 개발 프로젝트의 책임자가 됐다.

당시의 잠수함은 디젤 엔진과 납축전지를 쓰고 있었다. 이런 잠수함 모델은 2차 세계대전 때 해군 작전에서는 상당한 역할을 했지만, 잠항 시간이 한정돼 있어 부상^{浮上} 시 공중 전력에 의해 손실되는 치명적인 약점을 갖고 있었다. 원자로를 잠수함에 실을 수만 있다면 잠항 시간을 획기적으로 늘려 은닉성을 최대로 높일 수 있는 전략 자산을 새롭게 갖게 되는 것이었다.

당시 원자로 기술은 신흥 기술이었기 때문에 한 번도 시도된 적 없는 원자로의 잠수함 탑재와 안정적 운영을 누구도 장담할 수 없었다. 어떤 방식의 원자로가 적합할지, 또 성공 가능성이 높을지에 대한 충분한 데이터와 실험들이 축적되기 전이었다. 리코버는 마치 원자폭탄 개발을 장담할 수 없는 상태에서 맨해튼 프로젝트를 이끌던 그로브스와 같은 상황이었고, 그 이상의 능력을 발휘했다고 전문가들은 평가하고 있다.

리코버는 먼저 탑재 원자로의 냉각제와 제어봉 물질을 무엇으로 선택할지, 어떤 방식의 원자로를 개발할지에 대해 개발자들과 치열하게 논쟁했다. 그리고 일단 결심한 사안에 대해서는 주저 없이 밀어붙였다. 원자로 탑재에 대해서도 구축함에 먼저 탑재해 보자는 간부들의 제안에도 "안 돼! 무조건 잠수함 먼저!"라고 단호하게 대응했다. 주간지 《타임》은 그에 대해 "끊임없는 독설로 부하들의 혼을 빼놓는다. 관료주의를 산산 조각 낸다. 군납 업체들을 돌아 버리게 만든다. 하지만

일 하나는 똑소리 나게 잘한다."라고 평하기도 했다.

시간을 단축하기 위해 리코버는 탑재 원자로는 감속재와 냉각재로 경수를 사용하는 경수로 형을 선택했다. 그리고 웨스팅하우스를 통해 가압경수로를 만들도록 지시한 것도 그의 안목과 운이 복합적으로 작용한 결과였다. 그 외에도 그는 핵연료 보관 및 차폐 설비, 열 교환기와 제어 장치 등 수많은 부품과 장비 개발 과정에서의 난제들을 직접 하나씩 해결해 나갔다. 그리고 마침내 1955년 1월 인류 최초의 핵 추진 잠수함인 노틸러스USS Nautilus 호 시험 항해가 성공적으로 끝났다.

리코버의 성공은 비단 미국 해군의 자존심 회복뿐 아니라 미 · 소 간의 전략 자산 경쟁과 이후 해군 전력의 역사를 바꾸는 기념비적인 사건이 됐다.

원자력의 평화적 활용을 목적으로 시작된 원자로가 최고의 군사 전략 자산으로 탈바꿈됐다는 점은 안타깝지만 이렇게 해서 단기간에 미국의 각 군은 육군 원자폭탄, 공군 수소폭탄, 해군 핵 잠수함으로 핵을 이용한 전략 무기를 모두 갖추게 됐다.

최초의 핵 추진 잠수함 노틸러스 호

23장

우주로
쏘아 올리다

고더드와
대륙 간 탄도 미사일

1945년 미국에서 첫 원자폭탄이 세상에 나오고, 그로부터 만 4년 만인 1949년 8월 소련도 원자폭탄 실험에 성공했다. 미국이 핵을 독점한 기간은 겨우 4년에 불과했던 셈이다. 소련의 원자폭탄에 자극을 받은 미국은 다시 3년 만인 1952년 원자폭탄보다 1,000배 이상 강한 수소폭탄 실험에 성공했고, 소련은 1953년 더 강한 위력의 수소폭탄을 개발했음을 세상에 알렸다. 핵을 이용한 폭탄 개발이 경쟁적으로 계속되는 가운데 3차 세계대전이 발발하는 건 아닌가 하는 불안이 냉전 시대에 전 세계를 뒤덮었다.

하지만 원자폭탄이든 수소폭탄이든 폭탄 그 자체만으로는 실질적인 전략 무기가 되기 어렵다. 폭탄을 적진의 타격점까지 이동시켜 투하할 수 있어야 비로소 위력을 발휘할 수 있기 때문이다. 즉, 폭탄에 앞서 필수적으로 필요한 게 운반 수단이다. 핵폭탄을 싣고 타격 지점까지 날아갈 수 있는 폭격기나 발사가 가능한 미사일을 갖춰야 진짜 핵 보유국으로서의 전략적 지위를 인정받을 수 있다.

이 시기 미국과 소련의 핵 경쟁이 표면적으로는 핵폭탄 제조 능력의 싸움으로 보였을지 모르지만 그 이면에는 폭탄을 싣고 먼 거리의 타격 목표까지 날아갈 수 있는 전략 폭격기와 전략 미사일 무기체계 확보를 위한 경쟁도 치열했다.

인류 최초의 핵 투하 전략 폭격기는 '슈퍼 포트리스'라고도 불리는 B-29다. 미국이 나가사키와 히로시마에 폭탄을 투하할 때 임무를 수행했던 바로 그 폭격기다. B-29는 2차 세계대전 직전에 8,000킬로미터 이상을 날 수 있는 장거리용 고고도정밀요격기로 개발돼 태평양 전쟁과 6·25전쟁에서도 주력 폭격기로 활약했다. 이후 미 공군은 공중급유 기술을 개발하고, B-29를 개량한 B-50과, 1만 6,000킬로미터 이상을 비행할 수 있는 실질적인 대륙 간 전략 폭격기 B-36을 전력화했다. 그리고 이후 이들은 B-52에 왕좌를 물려줬다.

1948년 6월 소련이 베를린 봉쇄를 시작하자 미군 내에서 핵 통제권을 두고 육군과 치열하게 경쟁하던 공군 참모총장 커티스 르메이Curtis LeMay는 B-29를 처음으로 유럽 전역에 배치했다. 그리고 소련은 이를 미국이 핵 공격을 감행할 수 있다는 위협 신호로 받아들였다. B-29의 유럽 배치는 대내적으로는 공군만이 공중 자산으로 실질적인 핵무기 통제권을 행사할 수 있고, 행사해야 한다는 내부 견제용 시위이기도

전략 폭격기 B-29

전략 폭격기 B-50

전략 폭격기 B-52

했다. 또한 핵무기와 전략 폭격기를 결합해 전략 자산으로 전개하려는 최초의 작전이자, 소련이 철의 장막을 치도록 촉발한 냉전 격화의 출발점이기도 했다. 미 공군은 베를린 봉쇄가 끝나기 전 전략 공군 사령부Strategic Air Command, SAC를 창설해 그때까지 육군이 독점하고 있던 핵전략 자산의 법적인 관리를 책임지게 됐다.

소련이 원자폭탄 개발에 성공한 이후 미국의 핵 독점이 깨지고 본격적인 핵 경쟁이 시작되면서 핵폭탄과 핵탄두가 소형화했고, 비축량도 급격히 늘었다. 1950년 300기였던 핵폭탄과 핵탄두가 3년 뒤인 1953년에는 1,300기를 돌파했다.

핵을 투하할 수 있는 전략 폭격기의 등장과 함께 핵을 탄두로 해 타격 지점까지 이동시킬 수 있는 로켓 미사일 기술도 진화하고 있었다. 현대 로켓 기술은 미국의 물리학자 로버트 고더드Robert Goddard로부터 출발했다. 어린 시절 건강이 좋지 않았던 고더드는 공부에 대한 열정이 대단했는데 특히 수학·천문학·공학 등에 관심이 많았다. 또한 그는 고등학교 졸업식에서 졸업생 대표로 연설하며 "우리는 무엇이 불가능한지 확실히 말할 수 있을 정도로 똑똑하지 않다."라고 했을 정도로 무한한 가능성을 꿈꾸던 학생이었다. 그래서인지 그는 1919년에 벌써 달의 비행 가능성에 관한 책을 썼다. 그리고 1926년에는 추진 연료, 연료 펌프, 구동장치에 관한 이론적·경험적 연구를 바탕으로 액체 연료를 이용한 최초의 로켓 발사에 성공했다. 너무 앞서 나간 탓인지 그는 비록 생전에 주목받지 못했지만 그의 연구는 1960년대 NASA

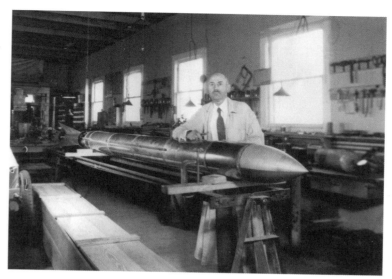
1935년 연구실의 로버트 고더드

달 탐사 계획의 밑거름이 됐다.

이런 고더드의 로켓 기술에 먼저 관심을 보인 것은 미국이 아닌 독일이었다. 1930년대 독일 군대는 무인 로켓 개발에 관심을 갖고 있었는데 당시 베를린 공과대학교의 학생이던 베른헤르 폰 브라운 Wernher von Braun을 지원, 본격적인 로켓 개발에 착수했다. 그때 브라운이 주로 참고했던 논문들은 고더드가 발표한 것들이었다. 그렇게 연구에 매진하던 브라운은 드디어 1944년 노르망디 상륙 작전 후 반격을 준비하던 히틀러의 승인을 받아 V-2라는 이름의 로켓을 제작, 발사하는 데 성공했다. 여기서 V는 독일어로 '복수의 무기'라는 뜻의

'vergeltungswaffe'의 이니셜에서 따온 것이었다.

V-2는 시속 3,000킬로미터 이상의 속도로 90킬로미터 거리를 비행하며 약 1톤의 탄두로 타격을 가할 수 있는 최초의 인공 물체였는데, 연합군에게는 그야말로 '공포의 무기'로 각인됐다. 세계대전 중 V-2의 총 생산량은 6,000기가 넘었고, 영국을 상대로 수천 명의 사상자를 발생시켰다. 하지만 비싼 생산비와 부품 조달 등의 문제로 독일의 승리에 실질적인 기여는 하지 못한 채 종전을 맞이했다.

1969년 아폴로 11호와 베른헤르 폰 브라운

전쟁이 끝난 뒤 브라운은 엄청난 잠재적 가치와 기능을 갖춘 로켓 부품들과 함께 미국으로 이주해 미국 로켓 미사일 개발의 중심이 됐고, NASA에서 '아폴로 계획'도 이끌었다. 이렇게 개발된 핵탄두를 장착한 대륙 간 탄도 미사일Intercontinental Ballistic Missile, ICBM은 전략 폭격기 이상으로 위험한 핵전략 자산의 바탕이 되는 무기였다.

로켓 기술에 바탕을 둔 ICBM이나 인공위성 기술에 있어서는 소련도 미국 못지않은 경쟁력을 갖고 있었다. 비록 실전 배치는 못했지만 미국에 앞서 '셈요르카'라고 불리는 세계 최초의 ICBM R-7을 1957년 8월 시험 발사했다. R-7의 시험 발사는 당시 즉시 알려지지 않았으나 소련은 다시 두 달 뒤인 10월에 이를 개량한 세계 최초의 인공위성을 성공적으로 발사해 미국뿐 아니라 전 세계에 충격을 주었다. 이 인공위성의 이름이 바로 '스푸트니크'다. 러시아어인 'sputnik'는 '지구의 달과 같은 위성'을 뜻하기도 하고, '동행자'나 '동반자'를 의미하기도 한다. 10월에 쏘아 올린 스푸트니크 1호는 92일간 약 6,000만 킬로미터를 비행했고, 한 달 뒤인 11월 2일에 발사한 스푸트니크 2호에는 개 '라이카'가 탔다.

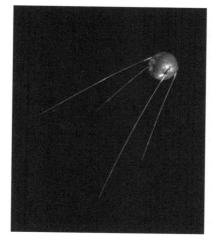

NASA에서 제작한 모형 스푸트니크 1호

미국 육군은 이로부터 넉 달 뒤인 1958년 1월 인공위성 익스플로러 1호를 발사했다. 그만큼 이미 충분한 로켓 기술을 갖고 있었던 것이다. 하지만 소련의 스푸트니크 발사는 미국에 어마어마한 충격으로 다가왔다. 자유 진영 최고 지도국으로서 국가적 자존심을 짓밟혔다는 참담함과 비판, 반성의 여론이 미국 사회에 들끓었다.

미국은 소련의 군사 기술에 밀린 이유에 대해 크게 두 가지를 꼽았다. 하나는 기초 과학에 대한 교육과 투자가 형편없었기 때문이라는 것이었다. 그러자 곧바로 의회가 나서서 교육의 목적을 국가 안보로 연결하는 '국방 교육법'을 공포하고, 전 국민을 대상으로 과학·기술·공학·수학 교육을 의미하는 STEM Science·Technology·Engineering·Mathematics을 강화하기로 했다.

다른 하나는 엄청난 예산을 쓰면서도 육 · 해 · 공 각 군이 갈등과 경쟁에 매몰돼 로켓을 비롯한 군사 기술을 효율적으로 개발하지 못했다는 것이었다. 이에 힘입어 각 군을 통제하는 국방부와 합참의 권한이 한층 더 커지고 새로운 연구 기관들이 창설됐다. NASA도 이때 만들어진 기구 중 하나다. 우주 개발을 전담한 NASA는 11년 만인 1969년 7월 20일 소련보다 먼저 아폴로 11호를 달에 착륙시키는 데 성공하며 스푸트니크로 인해 구겨졌던 미국의 자존심을 일부 회복해 주었다. 국방부 산하에 고등연구계획국Advanced Research Projects Agency, ARPA(현재 국방고등연구계획국Defense Advanced Research Projects Agency, DARPA)도 이 시기 문을 열었다. 기초 연구부터 무기 개발에 이르기까지 국방 연구 개발을 체계적으로 추진하기 위해 만들어진 국방부 소속의 이 기구는 오늘날까지도 미국 군사 과학 기술 혁신의 아이콘이다.

이처럼 미국의 우주 항공과 군사 기술을 주도하는 기관들이 스푸트니크 발사를 계기로 만들어졌다. 또한 이때부터 국가적 · 군사적 목적에서 극소수 강대국만이 감당할 수 있을 정도의 엄청난 예산이 투입되는 우주 기술과 산업 기반, 즉 올드 스페이스Old Space 시대가 본격적으로 열렸다.

스푸트니크 발사는 여러 측면에서 인류가 이전과는 완전히 다른 새로운 궤도로 진입했음을 의미했다. 냉전 시대 핵 개발 경쟁 무대에서 핵탄두를 실은 로켓 기술 경쟁이 중거리 탄도 미사일Intermediate-range Ballistic Missile, IRBM을 넘어 ICBM 수준까지 이르렀다는 의미이자, 인류가 우주로 진입했다는 뜻이기도 했다.

　인류 역사에 길이 남을 만한 우주 진입은 평화적 출발이 아닌 치열한 군사적 경쟁의 결과였다. 이는 이제 전장의 영역이 땅과 바다와 하늘을 넘어 우주로 확대됐다는 뜻이기도 하다. 이런 역사를 생각하면 오늘날 지구 곳곳에서 벌어지고 있는 인공위성의 발사가 인류 평화의 여정이 아닌 군사적 위협의 다른 이름이 된 것도 그리 이상한 일이 아니다.

24장

냉전 그 후, 끝나지 않은 전쟁

정밀 유도 무기부터 인공지능까지

과학이 바꾼 전쟁의 역사

"평화적인 혁명을 불가능하게 만드는 사람들은
폭력적인 혁명을 피할 수 없게 만들 것이다."

파괴력은 높이고 크기는 작아진 핵폭탄, 그런 폭탄을 멀리서 정확하게 쏠 수 있는 미사일 등으로 미국과 소련은 상대의 도발 징후가 있을 경우 여차하면 언제고 공격할 태세를 갖춰 놓았다.

1954년 미국은 핵 기술 능력을 키워 가는 소련을 다시 핵으로 억제하기 위해 핵무기와 항공력을 위주로 전력을 증강하자는 신 방위 정책인 뉴 룩 억제 전략New Look Deterrence Strategy을 공표했다. 이는 1950~1960년대 냉전 시대에 걸쳐 핵무기 기술, 전략 폭격기나 로켓과 미사일 기술의 우위를 바탕으로 적의 능력을 억제해 상쇄한다는 의미인 '1차 상쇄 전략'의 대표 전략이었다.

하지만 미국은 이 전략을 끝까지 고수하기 어려운 군사 위기를 겪게 된다. 1962년 소련이 쿠바에 SS-4 준중거리 탄도 미사일을 설치하는 모습이 첩보기 록히드 U-2에 의해 촬영되면서 미국은 이를 소련의 무력시위로 여겼고, 일촉즉발의 상황으로 치닫게 됐다. "평화적인 혁명을 불가능하게 만드는 사람들은 폭력적인 혁명을 피할 수 없게 만들 것이다."라고 외쳤던 미국 35대 대통령 존 F. 케네디John F. Kennedy는 쿠바에 설치한 모든 미사일을 철수할 것을 소련에 요구했고, 대신 미국 또한 튀르키예를 비롯한 중동 국가에 설치한 ICBM 기지를 없애고, 앞으로 쿠바를 침략하지 않겠다는 데 동의하는 것으로 사건은 일단락됐다.

쿠바 미사일 위기를 거치면서 미국과 소련은 모두 핵무기가 광범위

쿠바 미사일 위기 당시 논의 중인 존 F. 케네디(맨 오른쪽)

한 지역에 걸쳐 적을 초토화할 수 있지만 그만큼 아군도 대량 살상의 피해를 당할 수 있기 때문에 상호 확증 파괴의 핵무기 발사 버튼은 어느 쪽도 쉽게 누를 수 없다는 사실을 몸소 체험했다. 이는 양측 모두 막상막하의 전략 핵무기와 타격 체계를 갖추고 있는 상황에서는 핵무기로 상대를 억제할 수 없음을 의미하는 것이기도 했다.

이렇게 핵무기가 적에 대한 실질적 억제 전력으로서의 효력을 잃자 상호 핵 자산을 감축할 수 있는 분위기와 조건이 만들어졌다. 사실 핵 전력은 갖추기에도, 유지하기에도 엄청난 돈이 드는 고가의 시스템이다. 그렇다 보니 1980년대 핵무기 감축에 관한 미국과 소련의 군축 논의는 매우 자연스러운 전개였다. 또한 소련 붕괴가 직접적인 계기가 되기도 했지만 무한한 핵 경쟁의 무대였던 냉전의 종식 역시 당연한 귀결이었다. 일부 전문가들은 소련의 패망 요인 중 하나로 냉전 시대 핵 자산 유지와 확대를 위해 쏟아부은 막대한 비용을 꼽기도 한다.

미국과 소련의 핵 경쟁 속도가 늦춰지고 냉전이 종식됐다고 해서 바로 지구의 평화가 보장되고, 모든 군사 기술과 무기체계 개발이 멈춘 것은 아니었다. 여전히 세계로 확산된 핵전력은 인류에게 가장 큰 물리적 위협이었고, 강도나 규모는 달라졌지만 탈냉전 시대를 거치며 또 다른 종류의 군비 경쟁이 이어졌다.

미국은 베트남 전쟁부터 걸프전, 이라크전을 차례로 겪으며 핵보다는 적진의 종심을 정확히 타격할 수 있는 정밀 유도 무기Precision Guided Munition, PGM가 훨씬 더 적의 능력을 억제할 수 있는 비용 대비 고효율

1991년 걸프전 당시 쿠웨이트 상공을 비행하는 미국 제4전투비행단

의 해결책임을 인지했다. 그리고 정밀 타격 체계를 중심으로 공지 전투Air-Land Battle가 새로운 전장 운영 개념으로 발전하기 시작했다.

이에 따라 미 국방부의 DARPA와 공군연구소Air Force Research Laboratory, AFRL가 주도한 장거리 연구 개발 프로그램Long-range Research & Development Program Plan, LRRDPP에 대규모 예산이 투입됐고 다양한 정밀 타격 무기들이 갖춰져 갔다. 동시에 정밀 타격을 위해 적과 적진의 정보를 빠르게 획득하는 각종 감시 정찰 센서 체계Intelligence, Surveillance & Reconnaissance, ISR의 개발과 진화가 이어졌고, 센서 정보를 빠르고 정확하게 지휘부와 타격 체계로 이어 주는 컴퓨터와 통신 기술이 중심이 된 지휘 통제 통신 체계 C4Computer, Command & Control, Communication가 만들어졌다.

이처럼 1980년대부터 2000년대 초반까지 센서 기술과 컴퓨터 통신 네트워크 기술, 그리고 정밀 폭탄과 육·해·공 기반 플랫폼의 종합 체계 기술을 통해 지상·해상·공중의 전장을 실시간으로 운영하는 네트워크 중심전Network-centric Warfare, NCW의 전장 개념이 지속 발전했다. 이 기간 미국의 대표적인 국방 전략을 '2차 상쇄 전략'이라고 한다.

1, 2차 상쇄 전략기에 개발된 국방 과학 기술의 본질적인 속성은 상당히 유사하다. 이들은 주로 미국 국방비 중 막대한 과학 기술 투자를 통해 군 연구소와 방산 기업, 대학 연구소로 구성된 방산 생태계 내에서 진화해 왔으며, 이들이 발전시켜 온 기술은 대체로 비공개 군사 전용 기술인 경우가 많았다. 미국이 주도해 온 군사 기술의 독주와 독점 체제는 미국 중심의 기술 통제 체제로 더욱 강고해졌고, 다른 나라가 단기간에 이를 추월하기에는 너무 거대했다.

핵폭탄이나 로켓, 위성 항법 기술처럼 미 국방부 주도로 군사적 필요에 따라 개발된 1, 2차 상쇄 전략기의 무기체계 기술이 민간 분야로 이전돼 상용 기술과 제품, 산업 발전으로 이어지는 스핀오프spin-off 사례는 일일이 열거하기 어려울 정도로 다양하다.

물론 1, 2차 상쇄 전략기의 전장 개념과 관련 기술, 무기체계들은 탈냉전을 거치면서도 발전과 진화를 거듭했고, 현재까지도 대부분 군사적으로 유효하다. 그러나 2000년대 초반을 지나며 또 다른 국제 정치와 안보 지형이 형성되면서 새로운 군사 전략과 기술 진화 양상이 벌어지게 됐다.

특히 급속히 발전해 온 정보 통신 기술 혁명 여파가 산업계뿐 아니라 군사 분야 전반에 근본적인 변화를 유발했다. 2000년대 초반의 디지털 정보 기술 체계 발전의 성과를 기반으로 2010년을 넘어서면서 인공지능과 빅데이터를 필두로 이들의 발전을 뒷받침하는 반도체 기술과 컴퓨팅, 소프트웨어 기술, 자율 기술들이 엄청난 속도로 진화에 진화를 거듭했다.

우리나라에서는 주로 4차 산업혁명 기술로 불리는 자율 및 인공지능, 정보 통신 기반 기술로 이해할 수 있는데, 이 기술은 1차 핵무기 기술과 2차 상쇄 전략기를 주도한 네트워크 중심전의 무기 체계 기술과는 매우 다른 특징을 갖고 있다.

이 새로운 기술은 군사 분야보다는 비군사, 민간 학술 및 산업 영역을 중심으로 시장 지향형의 서비스와 개념을 통해 발전하고 있다. 또한 상대적으로 공개적이며 급속도로 진화하는 혁신 기술의 속성을 지니고 있으면서 기존의 모든 기술과 제품, 그리고 산업의 전 분야에 걸쳐 응용되고 융·복합화해 가치를 배가하고 있다. 인공지능으로 대표되는 새로운 혁신 기술의 특성과 발전 양상은 이제 기밀 유지와 수출 통제로 미국만이 독점할 수 있는 군사 기술의 시대가 끝나고 있음을 의미한다.

특히 사이버 영역의 기술이 발전하면서 비교적 근래에 과학 기술 분야의 인재 육성과 투자에 매진해 온 중국이 산업 공급망과 사이버망을 통해 미국 기술과 지식 재산권 독점을 위협하고 있다. 또 강력한 국가

2014년 미 육군협회 회의에서 연설하는 척 헤이글

통제 체제에서 산출된 빅데이터를 중심으로 놀라운 속도로 인공지능과 자율 기술을 전장에 적용하면서 미국에는 최대 국가 안보 위협 국가로 받아들여지고 있다.

2014년 척 헤이글Chuck Hagel 미 국방부 장관이 공개 포럼 연설에서 언급하면서 공식화된 '3차 상쇄 전략'은 이제 미국 최상의 국가 안보 전략이다. 이후 미 국방부는 실리콘밸리로 대표되는 벤처와 스타트업 같은 비전통 개발 산학연의 혁신 동력을 최대한 국방 분야로 끌어들여 미래전을 대비하는 새로운 전력 체계 혁신을 지속하고 있다. 이전의 군수 기술 중심의 '스핀오프' 형태가 아니라, 인공지능과 같은 민수 분야의 혁신 기술을 적극 도입하거나 민간 혁신 기업에 투자해 이들의 역량과 기술이 무기와 전장에 융합될 수 있도록 '스핀온spin-on' 방식으로 관련 무기체계 획득 제도와 정책 혁신에 엄청난 노력을 기울이는 중이다.

2014년 DARPA에서 공개한 전장에서 활용하는 수직이착륙기 ARES 시뮬레이션

미 국방부 소속 국방혁신단Defense Innovation Unit, DIU은 실리콘밸리의 벤처 기업이나 스타트업에 투자하거나 계약을 진행함으로써 이들의 기술 역량이 신속하게 전장 사용자들에게 이전될 수 있도록 다양한 방식의 비전통적 계약이나 획득 프로세스를 적용하고, 확대하고 있다. 이런 미 국방부의 강도 높은 기술 및 제도 혁신 노력은 전 세계 대부분 국가의 연구, 벤치마킹 대상이다.

과학 기술의 발전과 혁신은 전장을 변화시키고, 새로운 전장에서의 필요와 개념이 또 다른 과학 기술의 진화를 유발하기도 한다. 상시적 군사 위협과 긴장 속에서도 이만큼 성장해 온 우리나라지만 지금까지 와는 또 다른 혁신을 고민해야 할 시점이다.

이 책에 나오는
전쟁사와 과학사 연표

	1660	영국 왕립 학회 창립
	1666	프랑스 왕립 과학 아카데미 창립
	1735	프랑스 왕립 아카데미 페루 원정
	1740	프랑스 왕립 아카데미 라플란드 조사
보스턴 차 사건	1765	
미국 독립 전쟁(1775~1783)	1775	프랑스 라부아지에 화약 개량(1775~1792, 화약국장 재임기)
프랑스 혁명(1789~1794)	1789	
	1791	프랑스 도량형 위원회 구성
루이 16세 처형, 공화정 선포	1792	
	1793	미국 엘리 휘트니 조면기 특허 취득
	1794	프랑스 에콜 폴리테크니크(공공 사업 중앙 학교) 설립
	1795	프랑스 그리보발의 대포 등장
	1799	프랑스 미터법 국내법으로 제정
	1802	미국 육군 사관 학교 웨스트포인트 설립
프랑스 vs. 프로이센 아우스터리츠 전투 영국 vs. 프랑스–스페인 트라팔가르 해전	1805	
프랑스 vs. 프로이센 예나 전투	1806	
	1807	영국 로버트 풀턴 증기선
	1809	영국 존 돌턴 원자론
	1814	영국 조지 스티븐슨 증기기관차

프로이센 vs. 프랑스 워털루 전투	1815	
5국 동맹(영국–러시아–오스트리아– 프로이센–프랑스) 결성	1818	
	1820	미국 엘리 휘트니 총기 대량 생산
	1836	미국 새뮤얼 콜트 리볼버 권총 특허 출원 및 출시
	1848	미국 윌리엄 셀러스 표준 나사
	1850	영국 베서머 제강법 발견 프랑스 증기기관 활용한 나폴레옹 함 진수
	1851	영국 런던 박람회 개최(미국 소총기 전시)
	1852	영국 아가멤논 함 진수
러시아 vs. 오스만제국–영국–프랑스– 사르데냐 연합군 크림 전쟁(1853~1856)	1853	
	1856	독일 크루프 포 등장
	1859	프랑스 철갑 증기범선 라 글루아르 함 진수
	1860	영국 워리어 함 진수 영국 휘트워스 라이플
미국 남북 전쟁(1861~1865)	1861	미국 개틀리 기관총 발명
프로이센–덴마크 전쟁	1864	
	1865	미국 남북 전쟁에 개틀리 기관총 등장
	1869	러시아 드미트리 멘델레예프 주기율표
프로이센 vs. 오스트리아–프랑스 (보불 전쟁, 1870~1871)	1870	
	1875	세계 미터 조약 공인
	1876	미국 토머스 에디슨 최초 민간 R&D 연구소 멘로파크 설립 미국 그레이엄 벨 최초의 통화 성공
러시아–튀르크 전쟁(1877~1878)	1877	
	1883	미국 그레이엄 벨 AT&T 설립
	1886	스웨덴 노르덴펠트의 잠수함 진수

	1889	미국 토머스 에디슨 GE 설립
	1895	독일 빌헬름 뢴트겐 엑스선 발견
	1897	영국 조지프 톰슨 전자 존재 공식화
미국 vs. 스페인 전쟁	1898	
	1905	독일 아인슈타인 상대성 이론 발표
	1906	영국 근대적 군함 드레드노트 진수
	1909	독일 프리츠 하버 암모니아 합성법 발견
1차 세계대전(1914~1918)	1914	
독일 vs. 벨기에 2차 이프르 전투	1915	독일 프리츠 하버가 개발한 독가스 사용
	1925	미국 그레이엄 벨 연구소 설립
	1926	미국 로버트 고더드 액체 연료를 이용한 최초의 로켓 발사 실험 성공
	1929	세계대공황(1929~1933)
	1934	미국 월리스 캐러더스 폴리아미드 5-10 개발(나일론의 시초)
	1938	독일 오토 한, 프리츠 슈트라스만, 리제 마이트너, 오토 프리슈 우라늄 원자핵 충돌 실험 진행
2차 세계대전(1939~1945)	1939	미국 레오 실라르드 핵분열 연쇄 반응 발견 러시아 이고리 쿠르차토프 핵분열 연쇄 반응과 원자로 설계 이론 발표
	1942	미국 맨해튼 프로젝트 시작(1942~1946) 미국 글렌 시보그 플루토늄 미량 추출 성공 미국 엔리코 페르미 핵반응로 시카고 파일(원자로) 완성
	1944	독일 베른헤르 폰 브라운 로켓 V-2 발사 성공
독일 히틀러 항복(5월) 나가사키, 히로시마 원자폭탄 투하(8월)	1945	미국 세계 최초 원자폭탄(플루토늄) 실험(트리니티) 성공(7월)
	1949	소련 플루토늄 폭탄 시험 성공
한국 6·25전쟁(1950~1953)	1950	

	1952	미국 세계 최초 수소폭탄 폭파 시험 성공
	1953	소련 최초 수소폭탄 폭파 시험
	1954	미국 세계 최초 수소폭탄 투하 시험(브라보) 성공
	1955	미국 세계 최초 핵 추진 잠수함 노틸러스호 진수
	1957	소련 세계 최초 대륙 간 탄도 미사일 '셈요르카' 시험 발사 소련 세계 최초 인공위성 '스푸트니크 1호' 발사 성공
	1958	미국 최초 인공위성 '익스플로러 1호' 발사 성공 미국 NASA·DARPA 창설
베트남 전쟁(1960~1975)	1960	최초의 전기광학 유도탄 '월아이' 실전 투입
걸프전(1990~1991)	1990	

참고 문헌

- 게하르트 P. 그로스, 《독일군의 신화와 진실》, 길찾기, 2016

- 김명진, 《세상을 바꾼 기술, 기술을 만든 사회》, 궁리, 2019

- 김명진, 《야누스의 과학》, 사계절, 2008

- 김영식 · 박성래 · 송상용, 《과학사》, 전파과학사, 2013

- 김유항 · 황진명, 《전쟁은 어떻게 과학을 이용했는가》, 사과나무, 2021

- 김종수, 《게임체인저》, 섬앤섬, 2022

- 도널드 맥코믹, 《죽음의 상인》, 여름언덕, 2007

- 다무라 사부로, 《프랑스 혁명과 수학자들》, 전파과학사, 2020

- 대니얼 R. 헤드릭, 《과학기술과 제국주의》, 모티브북, 2013

- 루퍼트 스미스, 《전쟁의 패러다임》, 까치, 2008

- 리처드 로즈, 《원자폭탄 만들기 1》, 사이언스북스, 2003

- 마이클 스티븐슨, 《전쟁의 재발견》, 교양인, 2018

- 마틴 반 클레벨트, 《과학기술과 전쟁》, 황금알, 2006

- 맥스 부트, 《Made In War 전쟁이 만든 신세계》, 플래닛미디어, 2007

- 문지영 · 이내주 · 김덕호 · 송충기 · 이정희 · 박진희 · 이은경 · 이관수, 《근대 엔지니어의 탄생》, 에코리브르, 2013

- 박상섭 지음, 《근대국가와 전쟁》, 나남, 2004

- 발처 괴를리츠, 《독일군 이야기: 전쟁과 정치》, 해드림출판사, 2018

- 베리 파커, 《전쟁의 물리학》, 북로드, 2015

- 빌 브라이슨, 《거인들의 생각과 힘》, 까치, 2010

- 실번 S. 슈위버, 《아인슈타인과 오펜하이머》, 시대의창, 2013

- 앤드루 파인스타인, 《어둠의 세계》, 오월의봄, 2021

- 어니스트 볼크먼, 《전쟁과 과학, 그 야합의 역사》, 이마고, 2003

- 오드라 J. 울프, 《냉전의 과학》, 궁리출판, 2017

- 윌리엄 맥닐, 《전쟁의 세계사》, 이산, 2005

- 이관수 · 오동훈, 《사회 속의 과학, 과학 속의 사회》, 교보문고, 1995

- 임경순 · 정원, 《과학사의 이해》, 다산출판사, 2014

- 자크 파월, 《좋은 전쟁이라는 신화》, 오월의봄, 2017

- 제임스 캐럴, 《전쟁의 집》, 동녘, 2009

- 존 엘리스, 《참호에 갇힌 제1차 세계대전》, 마티, 2009

- 지현진, 《웨폰 사이언스》, 북랩, 2018

- 카이 버드, 마틴 셔윈, 《아메리칸 프로메테우스》, 사이언스북스, 2010

- 토머스 J. 미사, 《다빈치에서 인터넷까지》, 글램북스, 2015

- 피터 메익신스, 크리스 스미스, 보엘 베르네르, 스티븐 크로포드, 《현대 엔지니어와 산업자본주의》, 에코리브르, 2017

- 홍성욱, 《모던 테크》, EBS BOOKS, 2020

과학이 바꾼
전쟁의 역사

초판 1쇄 발행 2024년 2월 28일
초판 3쇄 발행 2024년 3월 28일

지은이 박영욱
펴낸이 안병현 김상훈
본부장 이승은 총괄 박동옥 편집장 임세미
책임편집 한지은 디자인 박지은
마케팅 신대섭 배태욱 김수연 김하은 제작 조화연

펴낸곳 주식회사 교보문고
등록 제406-2008-000090호.(2008년 12월 5일)
주소 경기도 파주시 문발로 249
전화 대표전화 1544-1900 주문 02)3156-3665 팩스 0502)987-5725

ISBN 979-11-7061-095-3 (03900)
책값은 표지에 있습니다.